Asang-Soergel / Göthel

TAUCHREISEFÜHRER
MALEDIVEN
ARI-ATOLL

Delius Klasing
EDITION NAGLSCHMID

Die Deutsche Bibliothek – CIP-Einheitsaufnahme

Asang-Soergel, Rosemarie:
Tauchreiseführer Malediven Ari-Atoll/
von Rosemarie Asang-Soergel; Helmut Göthel. –
Bielefeld: Delius Klasing; Stuttgart: Edition Naglschmid, 1996
(Tauchreiseführer, Bd. 23)
ISBN 3-89594-052-6
NE: Göthel, Helmut; GT

ISBN 3-89594-052-6

© Copyright 1996 by Verlag Stephanie Naglschmid, Stuttgart
Herausgeber: Dr. Friedrich Naglschmid, MTi-Press, Stuttgart
Umschlaggestaltung: Buchholz / Hinsch / Hensinger, Hamburg
Titelfoto: Helmut Göthel
Fotos: Asang-Soergel, Rosemarie: 61 o., 87 u., 120 u.
    Göthel, Silvia: 19 u. r., 21 o., 45 o., 46 o., 47 o., 58 o.
    OCEAN IMAGES, Penzberg: 2, 59 o., 65 u., 67 u.
    Weitere Fotos: Helmut Göthel
    Alle Fotos MTi-Press, Stuttgart
Karten: Rosemarie Asang-Soergel / MTi-Press
Druck: Kunst- und Werbedruck, Bad Oeynhausen
Printed in Germany 1996

Dieses Buch wurde auf umweltschonendem, chlorfrei gebleichtem Papier gedruckt.

Alle in diesem Buch enthaltenen Angaben, Daten, Ergebnisse usw. wurden von den Autoren nach bestem Wissen erstellt und von ihnen und vom Verlag sorgfältig überprüft. Gleichwohl können inhaltliche Fehler nicht vollständig ausgeschlossen werden. Daher erfolgen die gemachten Angaben, Daten, Ergebnisse usw. ohne jegliche Verpflichtung oder Garantie des Autors oder des Verlags. Weder die Autoren noch der Verlag übernehmen irgendeine Verantwortung und Haftung für etwaige inhaltliche Unrichtigkeiten.
Geschützte Warennamen und Warenzeichen werden nicht besonders gekennzeichnet. Aus dem Fehlen solcher Hinweise kann nicht geschlossen werden, daß es sich um freie Warennamen bzw. freie Warenzeichen handelt.
Alle Rechte, insbesondere das Recht der Vervielfältigung und Verbreitung und der Übersetzung, vorbehalten. Kein Teil des Werkes darf in irgendeiner Form (durch Fotokopie, Mikrofilm oder ein anderes Verfahren) ohne schriftliche Genehmigung des Verlages reproduziert oder unter Verwendung elektronischer Systeme verarbeitet, vervielfältigt oder verbreitet werden.

Inhalt

Vorwort 8
Die Malediven – das Reich der Tausend Inseln 9
Fauna und Flora auf den Malediveninseln 15
Korallenriffe der Malediven 20

Die Unterwasserwelt 26
Giftige Meerestiere 26
Wenn Fische schlafen gehen… 28
„Kleinigkeiten" auf den Malediven 35
    Nacktschnecken 35
    Spitzkopfkugelfische 39
    Büschelbarsche – Korallenklimmer – Falkenfische 42
Schnorcheln und Tauchen auf den Malediven 44
Umweltschutz auf den Malediven 50

Das Ari-Atoll (Alifu-Atoll) und das Rasdhoo-Atoll 53

Touristeninseln im Norden des Ari-Atolls 55
    1. Gangehi 55
    2. Velidhoo 55
    3. Nika Hotel (Kudafolhuddoo) 55
    4. Madoogali 56
    5. Fesdu 56
    6. Moofushi 56
    7. Athurugau 56
    8. Bathala 57
    9. Maayafushi 57
    10. Halaveli 58
    11. Ellaidhoo 59

Touristeninseln im Südosten des Ari-Atolls 60
    12. Lily Beach Resort (Huvahendhoo) 60
    13. Vilamendhoo 60
    14. Villingilivaru 60
    15. Machchafushi 60
    16. Maafushivaru (Twin Island) 61
    17. Vakarufalhi 62
    18. Kudarah 62
    19. Ari Beach Resort (Dhidhoofinolhu) 62

INHALT

Touristeninseln im Südwesten des Ari-Atolls 65
   20. Thudufushi 65
   21. Rangali 65
   22. Mirihi 66
   23. Angaga 67
   24. Holiday Island Resort (Dhiffushi) 67

Touristeninseln im Rasdhoo-Atoll 69
   25. Kuramathi 69
   26. Veligandu 69

Tauchplätze im Norden des Ari-Atolls 71
   1. Ukulhas Tila 71
   2. Beyrumadivaru 71
   3. Maayafushi Tila 71
   4. Bathala Tila 73
   5. Bathala Maaga Faru 73
   6. Maaga Kan Tila 73
   7. Halaveli Wrack 74
   8. Kuda Tila 75
   9. Meddu Tila 75
   10. Bodu Tila 76
   11. Meddu Faru 77
   12. Fesdu Wrack 77
   13. Malhos Tila 78
   14. Himandu Kuda Faru Tila 78
   15. Kandholhudhoo Tila 78
   16. Kandholhudhoo Maha 81
   17. Ellaidhoo Tila 82
   18. Ellaidhoo Giri 82
   19. Ellaidhoo Hausriff 83
   20. Fusfaru Faru 84
   21. Magala Tila 84
   22. Magala Faru 85
   23. Orimas Faru 85
   24. Konaga Faru 86
   25. Mushimasmingili Tila (Fish Head) 86
   26. Fushi Faru Bodu Giri 89
   27. Fushi Faru Kuda Giri 89
   28. Fushi Faru 89
   29. Kubaladhibodu Tila 90

INHALT

    30. Gameburi Tila 93
    31. Atavaru Tila 93
    32. Kandu Tila 95

Tauchplätze im Südosten des Ari-Atolls 97
    33. Hiti Kandu Tila 97
    34. Velagali Tila 98
    35. Dhagethi Meddu Tila 98
    36. Mexx Tila (Dhagethi Bodu Tila) 99
    37. Kuda Rah Tila 100
    38. Hudhoo Kuda Tila 100
    39. Thinfushi Tila 101
    40. Broken Rock 102
    41. Hane Tila 103
    42. Dhigurah Arches 104
    43. Dhigurah Ethere 107

Tauchplätze im Südwesten des Ari-Atolls 109
    44. Bulalohi Caves 109
    45. Bulalohi Corner 109
    46. Beverly Hills 110
    47. Hollywood 110
    48. Bodu Tila 110
    49. Meddu Tila 112
    50. Rangali Outside 112
    51. Rangali Süd 112
    52. Madivaru 114
    53. Kuda Kandu Corner 115
    54. Pineapple Tila 116
    55. Buma Tila 116
    56. Mirihi Tila 117
    57. Mirihi Meddu Tila 117
    58. Mirihi drop off 117
    59. Angaga Tila 118

Tauchplatz im Rasdhoo-Atoll 121
    60. Rasdhoo Madivaru 121

Malediven von A – Z 122

Literatur 127

Vorwort

Die Malediven – ein Paradies im Indischen Ozean. Wer einmal die Malediven bereist hat, wird von der wunderbaren Unterwasserwelt und den traumhaft schönen weißen Stränden fasziniert sein. Erst seit 1972 sind die Malediven für den Tourismus geöffnet worden. Doch seit dieser Zeit sind die Touristenzahlen von anfänglich etwa 1.000 auf nahezu 300.000 angestiegen. Jährlich werden etwa 1.000.000 Tauchgänge verzeichnet, und die Auswirkungen des Tourismus auf die Unterwasserwelt sind stellenweise deutlich sichtbar geworden. Von den etwa 1.190 Inseln, aus denen die Malediven bestehen, sind 75 zu Touristenresorts ausgebaut und weitere 202 von Einheimischen bewohnt. Auf den Touristeninseln gibt es meist ein vielfältiges Sportangebot, doch gerade das Tauchen oder Schnorcheln eröffnet den Malediven reisenden eine wunderbare Welt voller Überraschungen und beeindruckender Erlebnisse.
Der vorliegende Tauchreiseführer stellt die Vielfalt der Tauchmöglichkeiten, einzelne Tauchplätze und auch die Touristeninseln im Ari- und Rasdhoo-Atoll vor. Beschreibungen der einzelnen Inseln sollen helfen, die „Richtige" für einen Traumurlaub auszuwählen. Karten und Beschreibungen ausgewählter Tauchplätze vermitteln einen Eindruck von den vielfältigen Möglichkeiten, die zum Tauchen vorhanden sind, und es werden wichtige Hinweise für das Tauchen am Hausriff, an Farus oder Tilas gegeben. Dieser Tauchreiseführer möchte zusätzlich über Biologie und Ökologie der Korallenriffe informieren, und so werden einerseits im Kapitel „Die Unterwasserwelt" einige interessante und häufig bei Tauchgängen zu beobachtenden Tiergruppen vorgestellt. Andererseits wird auch auf die Umweltschutzproblematik auf den Malediven hingewiesen, und die Möglichkeiten, die jeder einzelne hat, die Malediven und ihre Riffe zu schützen, werden aufgezeigt. Der Schutz der Korallenriffe ist dringend notwendig, denn die Riffe sind nicht nur durch die ständig steigenden Touristenzahlen, sondern auch durch verschiedene andere Umwelteinflüsse weltweit in ihrer Existenz bedroht. Das Problem der Müllentsorgung ist noch nicht gelöst, doch durch aktive Mitarbeit, wie beispielsweise durch die Fluggesellschaft LTU mit der Verteilung und Rückführung von Müllsäcken, kann dazu beigetragen werden, daß dieses Problem gering gehalten wird. Information und Aufklärung ist dringend notwendig. Schließlich kann jeder einzelne seinen Beitrag dazu leisten, daß das Paradies der „Korallenriffe im Indischen Ozean" erhalten bleibt.

Rosemarie Asang-Soergel
Helmut Göthel

Die Malediven –
das Reich der Tausend Inseln

Die Republik der Malediven ist ein Inselstaat im Indischen Ozean. Ihre insgesamt 1.190 Inseln, von denen 202 bewohnt sind, umfassen eine Landfläche von 298 km². Die Inseln bilden 26 Atolle, die in 19 Verwaltungsbezirke und Male, die Hauptstadt, zusammengefaßt sind. Die Inseln liegen ca. 750 km südwestlich von Sri Lanka, erstrecken sich knapp 900 km von Norden nach Süden bis über den Äquator hinweg und messen an der breitesten Stelle in Ost-West-Richtung knapp 130 km. Auf den Malediven leben über 200.000 Menschen, davon allein in Male 70.000 (1992). Für die Jahrhundertwende schätzt man einen Bevölkerungsanstieg auf etwa 300.000 Menschen.
Die Geschichte der Malediven läßt sich bis ins 4./3. Jahrtausend v. Chr. zurückverfolgen. Zu dieser Zeit scheinen die Malediven eine Art kultureller Austauschplatz zwischen Afrika und Vorderasien sowie Indien gewesen zu sein. Im 5. Jh. v. Chr. wurden die Malediven von Sri Lanka und Südindien aus besiedelt und kamen auf diese Weise unter buddhistischen Einfluß. Erst im 12. Jh. führten die Araber den Islam auf den Inseln ein, doch es vergingen fast 60 Jahre, ehe die Islamisierung abgeschlossen war. Eine wichtige Gestalt in der Geschichte der Malediven ist der arabische Reisende Ibn Battuta, der 1344 auf die Malediven kam. Er fertigte während seines zehnmonatigen Aufenthaltes detaillierte Aufzeichnungen über die Inselwelt, deren Bewohner, Gebräuche, Religion und Regierungsform an. Im 16. Jh. erreichten die Portugiesen die Malediven und richteten in Male einen Handelsposten ein, doch es gelang den Maledivern, sie zu vertreiben. 1558 eroberten die Portugiesen Male erneut, bis sie 1573 endgültig vertrieben werden konnten. Sie versuchten zwar noch einige Male, die Malediven zu erobern, wurden aber im 17. Jh. von den Holländern verdrängt. Das maledivische Sultanat nahm 1645 Kontakt mit dem holländischen Gouverneur in Sri Lanka auf und schickte Geschenke. Daraus entwickelte sich ein Tributverhältnis, das viele Jahrzehnte andauerte. 1887 wurde ein Protektoratsvertrag mit England geschlossen mit der Verpflichtung, Tribut zu zahlen. Am 26.07.1965 wurde dieser Protektoratsvertrag aufgehoben und das maledivische Sultanat in die Unabhängigkeit entlassen. Ende 1965 traten die Malediven als unabhängiger Staat den Vereinten Nationen bei. Seit 1968 sind die Malediven eine Republik. 1988 konnte ein Umsturzversuch ausländischer Söldner mit Hilfe indischer Soldaten niedergeschlagen werden.
Die Verfassung der Republik der Malediven von 1968 ist eine Präsidialdemokratie. Der Präsident ist Staatsoberhaupt und Regierungschef und wird in allgemeinen Wahlen für fünf Jahre gewählt.

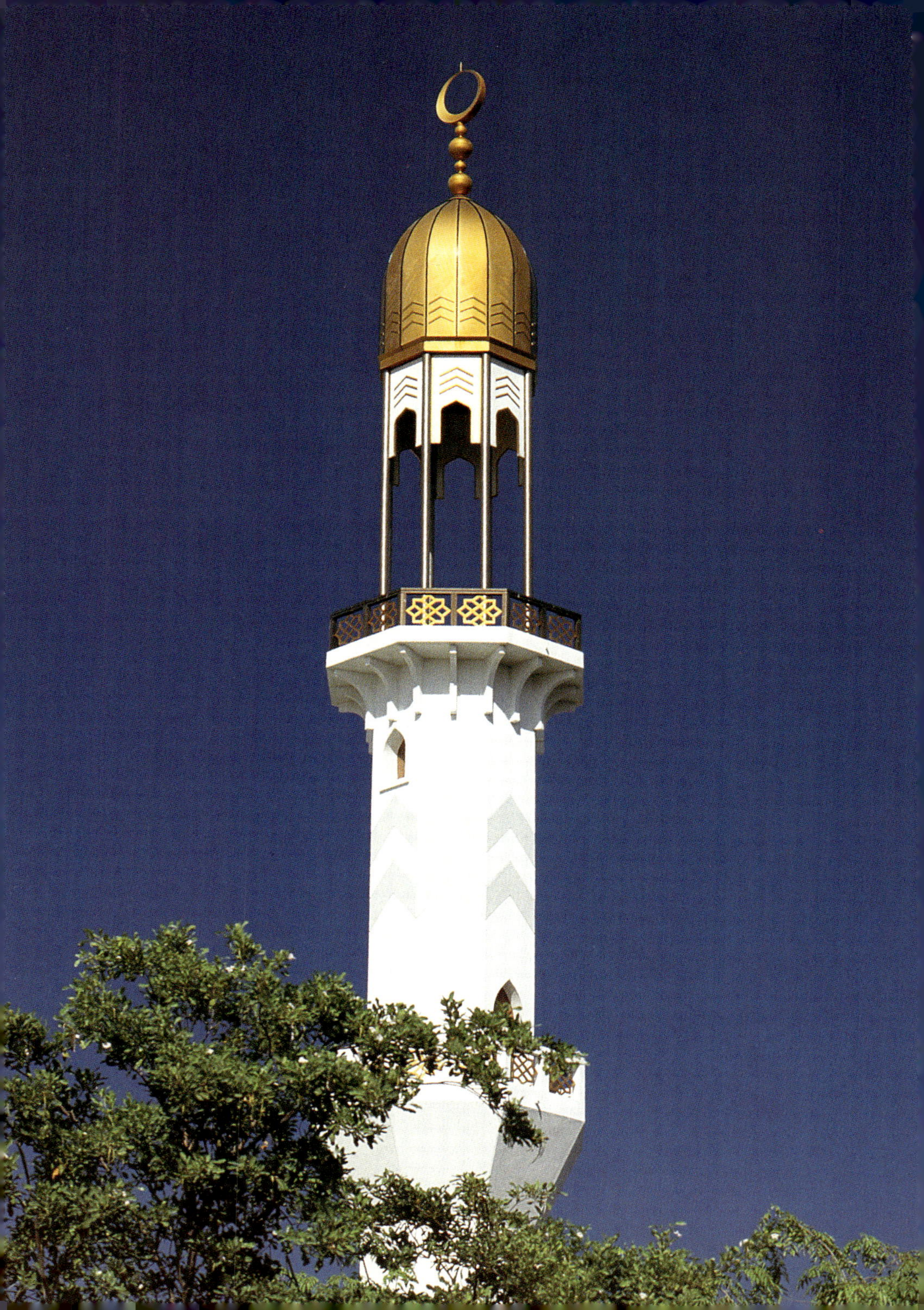

Die Verwaltung der Malediven gliedert sich in drei Ebenen. Die unterste Ebene besteht aus der Inselverwaltung, die zweite Ebene ist die Atollverwaltung. Jeder der 20 Distrikte, in die die Atolle eingeteilt wurden, wird von einem Atollchef und seinen Abgeordneten verwaltet. Die dritte und oberste Ebene wird vom Parlament eingenommen, bestehend aus 48 Mitgliedern, von denen 40 vom Volk gewählt und acht vom Präsidenten bestimmt werden.

Das Wappen der Malediven zeigt eine Kokospalme, auf deren Palmenstamm die Symbole des Islam, Halbmond und Stern, zu sehen sind. Zu beiden Seiten der Palme ist die Nationalflagge zu sehen. Das Schriftband am Fuß der Palme trägt die Staatsbezeichnung in Dhivehi. Nationalfeiertage sind der 27.07. (Unabhängigkeitstag) und der 11.11. (Tag der Republik).

Die Bevölkerung der Malediven ist ein Mischvolk arabisch-indischer und malaiischer Abstammung. Die Malediver sprechen Dhivehi, eine Sprache, die mit dem Altsingalesischen verwandt ist. Der sunnitische Islam ist Staatsreligion, dem die gesamte Bevölkerung angehört. Das soziale, wirtschaftliche und politische Leben wird davon geprägt. Von den religiösen Bräuchen bemerken Touristen wenig. Jedoch sollten die Gebräuche und Landessitten respektiert werden, und es sollte auch selbstverständlich sein, daß man sich als Gast in einem fremden Land im Verhalten und der Kleidung anpaßt! Übermäßiger Alkoholgenuß ist unangebracht! Alkohol ist zudem nur auf den Touristeninseln zu bekommen. Hinsichtlich der Kleidung (s. A-Z „Kleidung") sollte man auch auf den Touristeninseln nicht vergessen, daß die Malediven ein islamischer Staat sind und ausschließlich Männer auf den Resorts arbeiten.

Das Klima der Malediven ist aufgrund ihrer Lage am Äquator tropisch und damit sehr ausgeglichen. Es gibt das ganze Jahr über kaum Temperaturunterschiede. Die mittleren Tageshöchsttemperaturen liegen bei 33 °C, mittlere Tagestiefsttemperaturen bei 24 °C. Die Durchschnittstemperatur über das Jahr beträgt 28 °C, wobei die Temperatur in der Nacht kaum abnimmt. Die Luftfeuchtigkeit beträgt das ganze Jahr über etwa 80 %, die mittlere Wassertemperatur 27 °C bis 29 °C (in den Lagunen auch mehr). Trotz der hohen Luftfeuchtigkeit empfindet man das Wetter selten als schwül, da meist ein angenehmer Wind weht. Das Klima der Malediven wird vom Monsun geprägt. Von etwa April bis Dezember herrscht der Südwest-Monsun, der Stürme und Regen mit sich bringt. Etwa Mitte Dezember beginnt der trockenere Nordost-Monsun. Es regnet seltener und das Meer ist ruhiger. Die Sichtweiten unter Wasser sind während des Nordost-Monsuns am besten, vor allem während der ersten drei Monate im Jahr. Trotzdem, eine Garantie für gutes Wetter, ruhige See oder hervorragende Sichtweiten gibt es nicht.

Das Minarett der Freitagsmoschee in Male.

DIE MALEDIVEN 12

Die Malediven zählen zu den ärmsten Ländern Asiens. Die wichtigsten Wirtschaftszweige sind die Fischerei und der Tourismus. Blauflossen-Thunfisch, Gelbflossen-Thunfisch und Skipjak machen den Hauptanteil am Fischfang aus. Ein Teil des Thunfischfanges wird getrocknet und als „Maldive fish" exportiert. Inzwischen gibt es aber auch Kühlschiffe, die den Fischern ihren Fang sofort abkaufen. Ein weiterer Teil des Thunfischfanges wird in Konserven exportiert. Es gibt seit Ende der siebziger Jahre auf Felifaru (Insel im Lhaviyani Atoll) eine Konservenfabrik, die in maledivischem Besitz ist. Die Bedingungen für den Ackerbau sind auf den Malediven sehr ungünstig (nährstoffarme Böden, geringe Anbauflächen und ungünstiges Klima). Für den Eigenbedarf werden unter anderem Mais, Hirse, Bataten, Maniok, Papaya, Mango und Brotfrucht angebaut. Das Hauptnahrungsmittel Reis wird importiert. Die wichtigste Nutzpflanze ist die Kokospalme.

Der zweite wichtige Wirtschaftszweig ist der Tourismus. Seit 1972 auf den Malediven die ersten beiden Touristenresorts eingerichtet worden sind, hat der Tourismus sehr stark zugenommen. Die Touristenzahlen stiegen von anfänglich 1.000 auf heute rund 300.000 jährlich an. Die meisten Touristen kommen aus europäischen Ländern, vor allem aus Deutschland, Frankreich und Italien.

Weil es nur wenige Einheimischen-Inseln gibt, die von Touristen besucht werden dürfen, ist der Einfluß des Tourismus auf die Kultur des Landes eng begrenzt geblieben. Dabei hat der Tourismus sowohl positiven wie auch negativen Einfluß auf die Entwicklung des Landes gehabt. Die Beschäftigungszahlen stiegen an, Handwerkszweige wie Flechterei, Kunsthandwerk oder Schmuckherstellung wurden aufgrund der steigenden Nachfrage gefördert. Problematisch ist, daß mit steigenden Touristenzahlen auch Müll und Abwasser vermehrt anfallen und Korallen in großer Zahl für den Häuserbau von den umliegenden Riffen gebrochen wurden. Durch die daraus resultierenden Strömungsveränderungen kam es oftmals zu einer Sandabtragung auf den Inseln und damit zu deren Gefährdung. Man versuchte dies durch Mauerbauten mit Korallenblöcken vom „Hausriff" an den betroffenen Stellen zu stoppen, was in einigen Fällen gelang, in anderen Fällen aber lediglich zu einer Verschiebung des Problems auf einen anderen Strandabschnitt führte.

Die Fischerei wurde intensiviert, es wurden vermehrt Langusten gefangen, um sie auf den Touristeninseln zu verkaufen. Meeresschildkröten wurden zum Zweck der Schmuckherstellung (Schildpatt) so intensiv bejagt, daß sie vom Aussterben bedroht sind. Seit Mitte des Jahres 1995 ist der Fang von einigen gefährdeten Fischarten verboten, und auch Fang, Export und Handel mit Meeresschildkröten oder Schildkrötenprodukten sind untersagt.

Fischer bringen ihren Fang (oben links Hornhechte, oben rechts Gelbflossen-Thunfische) zum Fischmarkt im Hafen von Male. Auf Kreuzfahrten wird die Besatzung nicht selten von den Touristen bedrängt, Langusten zu servieren, wobei auch eiertragende Weibchen auf den Tellern landen.

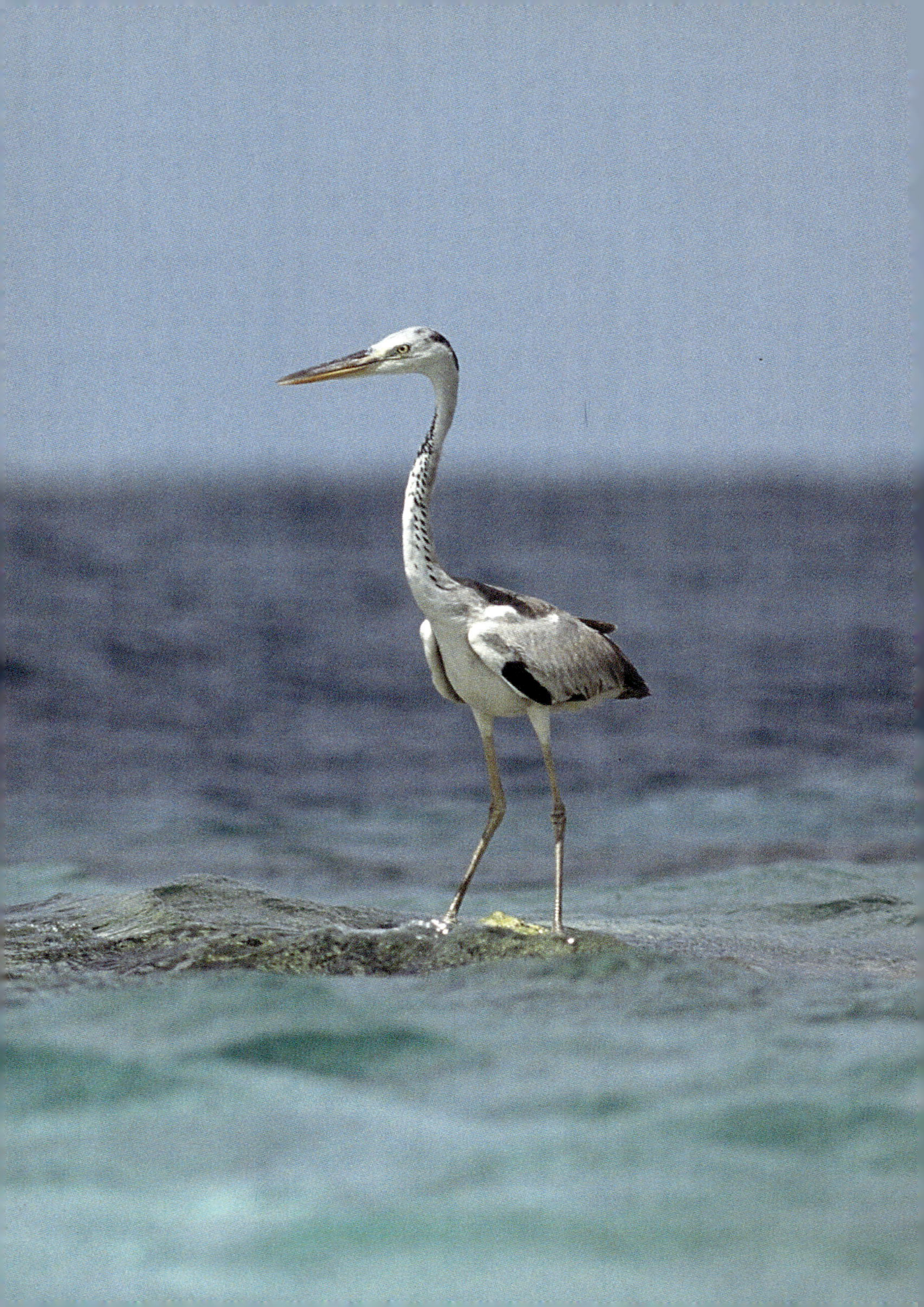

Fauna und Flora auf den Malediveninseln

Fauna
Auf den Malediven gibt es vergleichsweise wenig Landtierarten. Man begegnet unter anderem Seeschwalben und Möwen, Reihern und Strandläufern, sowie gelegentlich Fregattvögeln. Verbreitet ist auch die Glanzkrähe, die weniger häufig zu sehen als zu hören ist. Überall in den Tropen trifft man Geckos (*Hemidactylus*) an. Sie klettern an den Häuserwänden entlang, und auch in den Zimmern kann man sie vorfinden. Geckos sind völlig harmlos, sie fressen gerne Mücken und sind darüberhinaus unterhaltsame Gesellen. Eine weitere Echsenart ist die Schönechse (*Calotes*), die auf den Inseln ebenfalls sehr häufig vorkommt. Man trifft sie überall auf dem Boden oder auch an den Palmenstämmen an.
An Insekten und Spinnentieren sind Skorpione, Hundertfüßer und Nashornkäfer anzutreffen, aber auch Kakerlaken und Moskitos. Unter den Hundertfüßern gibt es eine giftige Art, den Scolopender, dessen Biß zwar sehr schmerzhaft, aber nicht lebensbedrohend ist. Moskitos sind besonders nach Regenfällen in großer Zahl

Auf den meisten Inseln kann man Reiher bei ihrer Jagd auf Krabben und Fische beobachten (links).
Eine Gruppe von Rußseeschwalben rastet auf einem Sandstrand (unten).

Am Abend verlassen Flughunde ihre Ruheplätze und gehen auf Nahrungssuche (oben). Geisterkrabben flitzen nachts über den Strand (unten).

Während der Fortpflanzung zeigen Schönechsen-Männchen eine prächtige Färbung (oben). Weibchen legen ihre Eier in den Sand (unten).

Auf allen Inseln gibt es Landeinsiedlerkrebse in allen Größen.

auf den Inseln vorhanden. Malariafälle sind aber nicht bekannt. Ein Moskitonetz schützt nachts vor Moskitostichen und hält auch sonst jede Art von Ungeziefer fern.
Nur wenige Säugetier-Arten, wie Wildkaninchen, Hausratten (Palmhörnchen) und Flughunde, leben auf den Inseln. Die Flughunde halten sich tagsüber kopfunter hängend in den Bäumen auf. Gegen Abend und nachts sind sie aktiv. Man kann sie dann über den Palmen fliegend beobachten. Sie ernähren sich von Früchten und sind deswegen bei den Einheimischen nicht gern gesehen.
Am Strand begegnen dem Urlauber Reiterkrabben, die ihre Behausungen in den Sand graben. Interessant zu beobachten sind auch die Felsenkrabben, die den felsigen Untergrund bevölkern. Überall auf den Inseln sind Land-Einsiedlerkrebse, die ein Schneckenhaus oder auch mal eine leere Filmdose bewohnen, zu beobachten. Diese Einsiedlerkrebse sind mit ihren Atmungsorganen an das Landleben vollständig angepaßt. Versuchen Sie also nicht, die Tiere zu „retten", indem sie sie ins Wasser zurückbringen.

FAUNA UND FLORA AUF DEN MALEDIVENINSELN

Flora

Die Anzahl der auf den Malediven vorkommenden, bekannten Pflanzenarten beträgt derzeit etwa 600. Ein Teil davon wurde vermutlich mit den Meeresströmungen angeschwemmt, ein anderer Teil über Vögel eingebracht und der Hauptteil wohl durch den Menschen auf die Inseln eingeführt. Trotz der nährstoffarmen Erde und der Abgeschiedenheit im Indischen Ozean gedeiht doch eine gewisse Vielfalt an Pflanzenarten, die den Inseln einen typischen Charakter gibt.

Auf allen Inseln ist die Kokospalme zu finden, die für viele Tropenreisende als Symbol der Tropen an sich gilt. Alle Teile der Kokospalme werden auf vielfältige Weise genutzt. Zur Gewinnung von Kokosöl werden die reifen Nüsse geschält und das Innere getrocknet. Dieser feste, ölreiche und eßbare Teil der Kokosnuß (Kopra) enthält 65 bis 70 % Öl. Aus dem Fleisch werden außerdem Kokosflocken hergestellt, und man verwendet es bei der Zubereitung von Curries oder zum Backen. Die Blattsegmente werden als Flechtmaterial verwendet z. B. für Matten, Dächer oder Wände. Das Holz ist ein widerstandsfähiges Baumaterial für Boote oder Häuser. Die harten Schalen der Kokosnuß finden Verwendung in der Herstellung von Holzkohle, Holzgas, Furfurol, Essigsäure und Methanol. Das Kokoswasser dient als erfrischendes Getränk und wird aus jungen Früchten gewonnen. Tradition hat auch die Gewinnung von Palmensirup (Toddy) aus den Palmen.

Zwei weitere Palmenarten sind ebenfalls häufig auf den Malediven anzutreffen. Es sind dies die Schraubenpalme (*Pandanus*) und die Betelnußpalme (*Areca catechu*). Die Sitte des Betelkauens ist weit verbreitet. Dazu werden die gerösteten oder gekochten Samen der Betelnuß in kleine Stücke geschnitten, und mit Kalk, Zimt oder anderen Gewürzen in die Blätter des Betelpfeffers gewickelt und intensiv gekaut.

Die meisten Inseln sind in Strandnähe von einem dichten Pflanzengürtel umgeben (Scaevola- und Tournefortiabüsche). Eine andere weit verbreitete Art ist die Ziegenwinde, eine krautige Kriechpflanze mit purpurrosa Trichterblüten. Wunderschön anzusehen sind auch die Bougainvillien-Sträucher, immergrüne tropische Kletterpflanzen, die bis zu 5 m hoch wachsen können. Sie besitzen eine unglaubliche Blütenfülle und leuchtende Farben. Diese Pflanze prägt das Bild vieler Malediveninseln. Im Inneren mancher Inseln ist der Pflanzenbewuchs so üppig, daß man hier von einer Art „Urwald" sprechen kann.

An Kultur- oder Nutzpflanzen werden Batate (Süßkartoffen), eine Knollenpflanze mit hohem Nährwert angebaut. Weitere Nahrungspflanzen sind Yam und Taro, deren Knollen stärkereich sind. Maniok (auch Kassave oder Tapioka) ist die stärkeliefernde Nutzpflanze schlechthin und wird wie überall in den Tropen auch auf den Malediven angebaut. Häufig anzutreffen ist auch der Brotfruchtbaum, dessen Früchte in Scheiben geschnitten und gebacken oder geröstet gegessen werden.

Tropische Blüten begeistern durch ihre Farbenpracht und ihren Duft.

Bei manchen Inseln bildet die Vegetation regelrechte „Urwälder" (links). Kokospalmen gehören zu den wichtigsten Nutzpflanzen auf den Malediven.

Korallenriffe der Malediven

Die Malediven sind größtenteils wie Perlen auf einer Kette in insgesamt 22 kleineren und größeren Ringen angeordnet, den sogenannten **Atollen**. Dieser Begriff, der sich von „Atolu" aus der Sprache der Malediver ableitet, bedeutet sinngemäß „ringförmig auf einem Kranz angeordnete Inseln". Wie auch die nahegelegenen Lakkadiven verdanken die Malediven ihre Existenz winzigen Steinkorallen und deren Fähigkeit, Kalk abzuscheiden. Beide Inselgruppen befinden sich auf dem maledivischen Rücken, einer vom indischen Festland abgekippten und gesunkenen Randscholle, die aus ca. 3.000 bis 4.000 m Tiefe emporsteigt.
Das entscheidende Merkmal eines Atolls besteht darin, daß ein Atoll unabhängig vom Festland im freien Ozean liegt. Dadurch können alle seine Bildungen und Sedimente („Korallensand") ausschließlich von Korallen und anderen Riffbesiedlern stammen. Außerdem fehlt eine Unterscheidung in Land- und Seeseite, da ein Atoll durch seine Ringform von jeder Seite eine Riffront bildet.
Atolle (z. B. Ari-Atoll, Nord-Male-Atoll), die stets eine, meist ca. 30–80 m tiefe Lagune umschließen, sind der komplizierteste Rifftyp. Die Tiefe der Lagune hängt dabei offensichtlich mit dem Durchmesser des Atolls zusammen. Die Größe von Atollen reicht von nur einem Kilometer Durchmesser bis hin zu 70 km bei dem flächenmäßig weltweit größten Atoll Suvadiva am Südende der Malediven mit seiner 2.240 km^2 großen Lagune. Im Idealfall ist die Lagune von einem vollständigen, steilen Riffkranz umgeben, der außen Hunderte bis Tausende von Metern abfallen kann. Außer bei ganz kleinen Atollen steht die Lagune durch einen oder mehrere Kanäle mit dem offenen Meer in Verbindung. In ihnen können durch Ebbe und Flut kräftige Strömungen entstehen.
Bei Atollen muß man zwischen der **Atoll-Lagune** und der in der Regel gut geschützten und wesentlich flacheren **Insel-** bzw. **Faro-Lagune** unterscheiden.
Das **Faro** ist eine Sonderform einiger Malediven-Atolle. Bei ihm handelt es sich um eine eigene atollförmige Riffstruktur, ein **Pseudo-Atoll**, mit einem Durchmesser bis knapp einen Kilometer.
Die Mehrzahl der Koralleninseln der Malediven sind ebenfalls von einem ringförmigen Korallenriff, dem **Hausriff**, umgeben. Auch diese atollförmigen Riffstrukturen werden als Pseudo-Atoll bezeichnet. All diese Pseudo-Atolle oder Faros, die meist innerhalb der Lagunen der Groß-Atolle liegen, besitzen eine flache Insel- bzw. Farolagune.
Eine weitere Besonderheit stellt das **Außenriff** dar, das am äußeren Rand der Großatolle direkt an das offene Meer grenzt und steil bis in große Tiefe abfällt.

Die Koralleninseln und -riffe sind wie Perlen auf einer Kette zu Atollen angeordnet.

Die Entstehung

Die für die Entstehung der ineinandergeschachtelten Atollsysteme der Malediven mit ihren Koralleninseln wahrscheinlich zutreffendste Theorie stammt von Hans Hass. Sie basiert auf den Gesetzmäßigkeiten des Korallenwachstums: Korallenstöcke wachsen der Wasseroberfläche entgegen und breiten sich dabei auch seitlich immer weiter aus. Mit zunehmendem Durchmesser werden die Lebensbedingungen für die Korallen im Zentrum immer ungünstiger, wodurch sie schließlich absterben. Je größer die Korallenformation wird, desto größer wird auch die abgestorbene Zone im Zentrum. Bei Ebbe staut sich das Wasser innerhalb des so entstandenen Korallenringes und drückt auf den Boden der Lagune. Dadurch sowie durch Erosion und andere Prozesse wird sie schließlich immer mehr vertieft. Je weiter sich die Korallen am Außenriff ausdehnen, desto tiefer sinkt die Lagune ab. Im Laufe der Zeit bricht der Riffring dann an einer oder mehreren Stellen durch Stürme ein. Die so entstandenen Kanäle versorgen die Lagune mit Frischwasser aus dem offenen Meer, wodurch Korallen innerhalb der Lagune wieder geeignete Lebensbedingungen vorfinden und der beschriebene Wachstumsprozeß von neuem ablaufen kann. Inseln entstehen dadurch, daß bei Stürmen Sand- und Geröllbänke angelagert werden, auf denen sich dann erste Pionierpflanzen ansiedeln können.

Typische Insellagune mit einzelnen Korallenstöcken.

Die Lebensräume

Meist nur wenige Meter von den Bungalows entfernt beginnt die **Insellagune**. Sie ist in der Regel selten tiefer als 2 m und gut geschützt. Brandung und Strömungen spielen hier so gut wie keine Rolle. Da meist nur Ebbe und Flut für einen größeren Austausch des Wassers der Insellagune sorgen, heizt es sich, auch bedingt durch die geringe Tiefe, im Laufe des Tages sehr schnell auf, wobei Temperaturen über 30 °C keine Seltenheit sind.

In der Insellagune bilden meist freie **Sandflächen**, einzelne filigrane Korallenstöcke, großflächige Korallenbestände und Schotterflächen aus abgestorbenen Korallenästen ein abwechslungsreiches Mosaik mit für sie charakteristischen Bewohnern. Für viele Fischarten stellt die Insellagune die Kinderstube für den Nachwuchs dar. Junge Fledermausfische oder junge Süßlippen zum Beispiel, die sich äußerlich deutlich von ihren Eltern unterscheiden, findet man regelmäßig in Lagunen. Der Picasso-Drückerfisch dagegen verbringt fast sein ganzes Leben in solch geschützten Lagunen. Er verteidigt dabei ein fest abgestecktes Revier gegen Artgenossen und zieht sich bei Bedrohung in eine schützende Spalte oder ein Loch im Zentrum seines Reviers zurück. Darüber hinaus gibt es aber auch zahlreiche Fischarten, die die Insellagune nur gelegentlich oder nur zur Nahrungsaufnahme aufsuchen. Neben den verschiedenen Arten von Stechrochen dringen gegen Abend kurz vor Einbruch der Dämmerung häufig vor allem kleine, manchmal auch größere Adlerrochen in die Lagune ein und wühlen im Lagunenboden nach

Der Gemeine Picasso-Drückerfisch (Rhinecanthus aculeatus) ist ein charakteristischer Bewohner der Insellagune.

Nahrung. Mit viel Glück kann man hier auch den seltenen Geigenrochen beobachten. Wenn er im ganz flachen Wasser auf Beutesuche ist und seine Rückenflossen aus der Wasseroberfläche herausragen, wird er von Land aus meist mit einem Hai verwechselt. Im geschützten Wasser innerhalb der Lagune wachsen vor allem zerbrechliche, reich verzweigte Korallenarten wie z. B. die Geweihkorallen. Nach einem Sturm kann der gesamte Korallenbestand einer Lagune zerschlagen sein und scheinbar einer Wüste gleichen. Doch innerhalb kürzester Zeit wachsen raschwüchsige Korallenarten nach und bilden oftmals in weniger als einem Jahr wieder einen reich strukturierten Lebensraum.

Am **Riffdach** des Hausriffes, wo die Korallen stärkeren Wasserbewegungen ausgesetzt sind, dominieren eher massige Korallenblöcke, z. B. Hirnkorallen. Auch die Artenfülle der Fische ist wesentlich größer, und Vertreter aus zahllosen Fischfamilien halten sich ständig oder teilweise hier auf. Verschiedenste Arten von schnell umherschwimmenden Lippfischen, korallenfressende Papageifische, plakativ gefärbte Falter- und Kaiserfische, Kaninchenfische, Doktorfische und viele andere Arten mehr leben auf engstem Raum beisammen. Ganz eng an das Riffdach gebunden ist zum Beispiel der Blaustreifen-Doktorfisch, der in seinem Revier Algen abgrast. Neben Ebbe und Flut spielen auf dem Riffdach auch die ständig wechselnden Strömungen eine große Rolle. Sie transportieren große Mengen von Plankton mit sich, die verschiedenen Fischen und Wirbellosen als Nahrung dienen.

Der Übergang von der Riffkante in den Riffhang ist der Lebensraum zahlloser Fische. Hier steigen die Chancen, auch Fischschwärme oder Großfische zu sehen.

Fällt das Riffdach bei Ebbe ganz oder teilweise trocken, bildet es das **Riffwatt**. In den dadurch entstehenden sogenannten **Ebbetümpeln** sammeln sich zahlreiche Tiere, die das Riffdach nicht mehr rechtzeitig verlassen konnten. Durch ihre geringe Tiefe können sich Ebbetümpel auf mehr als 40 °C aufheizen, wodurch sie einen Extremlebensraum darstellen.

Vor der **Riffkante**, an der das Riffdach mehr oder weniger steil in tieferes Wasser abfällt, steigen die Chancen, auch Fischschwärme und größere Fische zu sehen. Hier leben bei vielen Inseln große, oftmals sogar standorttreue Schwärme von verschiedenen Schnapperarten, dem Schwarm-Wimpelfisch oder der Orientalischen Süßlippe. Je nach Strömungsverhältnissen sind sie mal auf der einen und dann wieder auf der anderen Seite der Insel zu finden. Gelegenlich kann man vor der Riffkante auch Schwärme von verschiedenen Stachelmakrelen, Füsilieren oder anderen Schwarmfischen beobachten.

Neben größeren Zackenbarschen patrouillieren regelmäßig auch Weißspitzen-Riffhaie und je nach Lage der Insel gelegentlich sogar die kräftigeren Grauen Riffhaie vor der Riffkante. Beste Chancen, sie zu beobachten, bestehen kurz vor Einbruch der Dämmerung. Liegt das Hausriff im Bereich des **Außenriffs** (also am äußeren Rand eines Großatolls Richtung offenes Meer), dann kann man regelmäßig auch Adlerrochen und andere Großfische antreffen. Mit etwas Glück bekommt man an solchen Hausriffen mit Außenriffcharakter sogar Mantas, die kleineren Mobulas oder Delphine zu Gesicht. Endet das Riffdach abrupt an der Riffkante und fällt dann nahezu senkrecht ab, wird der **Riffhang** als **Steilwand** bezeichnet. Hier ist das Riff meist der Wucht der Brandung ausgesetzt, so daß massive und flächig wachsende Korallenarten vorherrschen. Da Sauerstoff- und Nährstoffversorgung in diesem Bereich optimal sind, ist das Korallenwachstum besonders reichhaltig und üppig.

Im Bereich von Steilwänden befinden sich meist bereits ab geringer Tiefe auch **Überhänge** und **Höhlen**. Sie bieten während des Tages zahlreichen dämmerungs- oder nachtaktiven Fischarten Unterschlupf. Zu ihnen gehören die verschiedenen Arten von Soldatenfischen und Kardinalbarschen, aber auch Großaugenbarsche und Muränen. Gelegentlich kann man sogar Stechrochen oder Ammenhaie hier antreffen.

In Höhlen und großen Spalten verbringen auch die nachtaktiven Langusten den Tag. Sie halten sich meist im dunkelsten Bereich auf und ziehen sich noch tiefer zurück, wenn sie mit dem Scheinwerfer angestrahlt werden. Höhlen und Spalten sind auch der bevorzugte Aufenthaltsort von den verschiedenen Arten von Putzergarnelen. Die großen Scherengarnelen betreiben ihre Putzstationen meist paarweise, während die kleineren Putzergarnelen der Gattung *Periclimenes* ihre Kunden gleich in Scharen bedienen.

An der Basis geht der Riffhang bzw. die Steilkante in die **Schuttzone** über, wo sich von Stürmen abgebrochene Korallenstöcke und anderer Korallenschutt aller Größenordnungen ansammeln. Hier wiederum können sich Korallenstöcke ansiedeln, die das **Vorriff** bilden, das schließlich in größerer Tiefe in große Sandflächen übergeht.

Ein besonderer Leckerbissen auf den Malediven sind Strömungstauchgänge in den zahlreichen **Kanälen**, aber auch am **Außenriff**. Aufgrund der besonderen Bedingungen, starke Strömungen und/oder starke Brandung, hat man hier sehr gute Chanchen, verschiedenste Großfische anzutreffen. Mit etwas Glück kann man sogar einen der spektakulären Bewohner des offenen Meeres beobachten, die sich nur selten in Riffnähe blicken lassen, wie z. B. Schwertfische oder auch die verschiedenen Hochseehaie.

Die Unterwasserwelt

Giftige Meerestiere

Die Bedeutung der Giftwirkung der Meeresbewohner läßt sich grob mit Verteidigung, Beutefang und dem Schutz vor Bakterien und Parasiten beschreiben. Auf aggressive Tiere trifft man selten. Verletzungen können durch Nesseln (Nesseltiere), Biß (Weichtiere, Seeschlangen) oder Stich (Weichtiere, Stachelhäuter, Knorpelfische, Knochenfische) hervorgerufen werden, wobei das Gift in den Körper übertragen wird. Eine Vergiftung kann aber auch erfolgen, indem das Gift über die Nahrung aufgenommen wird (Weichtiere, Stachelhäuter, Knochenfische). Bei den Nesseltieren werden die Vergiftungen von Nesselkapseln, die vor allem an den Tentakeln der Nesseltiere lokalisiert sind, verursacht. Es gibt eine Reihe von Symptomen, wie starkes Brennen, Bläschen oder Schwellungen an den betroffenen Körperteilen. Das wichtigste ist, die an der Haut klebenden Tentakelteile und Nesselkapseln zu entfernen bzw. zu inaktivieren. Das kann z. B. mit Essig geschehen. Verwenden Sie nie frisches Wasser oder nassen Sand, denn das würde zum Explodieren der Nesselkapseln führen!

Unter den Schnecken können die Kegelschnecken dem Menschen gefährlich werden. Ihr Gift wird über einen Giftpfeil in die Beute injiziert und lähmt oder tötet das Opfer. Das Gift mancher Arten ist so stark, daß es auch einen Menschen töten kann. Berühren Sie also besser keine solche Schnecke und stecken Sie auch keine in die Badehose oder den Tauchanzug!

Auf den Malediven werden leider immer noch Stechrochen als Attraktion angefüttert. Das Verhalten der Tiere verändert sich aber dadurch, sie werden sehr zutraulich, zum Teil sogar aufdringlich. Stechrochen besitzen einen Giftstachel am Schwanz, der zur Verteidigung eingesetzt wird. Die Schmerzen nach einer Verletzung treten sofort ein, sind sehr intensiv, werden immer stärker und halten mehrere Stunden oder Tage an. Der Verunfallte muß sich in jedem Fall in ärztliche Versorgung begeben, da eventuell ein chirurgischer Eingriff nötig ist, um den Stachel und das giftige Stachelgewebe zu entfernen. Das bedeutet natürlich, daß der Urlaub erst mal vorbei ist. Rochen können auch im Sand im Flachwasserbereich unter Sand verborgen liegen. Achten Sie also auch in der Lagune auf diese Tiere!

Feuerfische, Drachenköpfe und Steinfische besitzen giftige Rücken-, Bauch- und Analstacheln. Da gerade der giftigste in der Familie der Skorpionsfische auch der am besten getarnte ist, sollten Sie genau hinschauen, bevor Sie sich festhalten oder hinknien!

Oben links: Kegelschnecken aus der Gattung Conus.
Oben rechts: Gelbbraune Feuerkoralle (Millepora sp.).
Mitte rechts: Bärtiger Drachenkopf (Scorpaenopsis oxycephalus).
Unten links: Schwarzpunkt-Stechrochen (Taeniura melanospilos).
Unten rechts: Indischer Rotfeuerfisch (Pterois miles).

DIE UNTERWASSERWELT

Wenn Fische schlafen gehen ...

Die Korallenriffe der Malediven sind tagsüber von einer fast unüberschaubaren Fülle von Fischen besiedelt. Dabei ist nicht nur die Artenvielfalt überwältigend, sondern auch die enorm große Anzahl der einzelnen Individuen ist kaum vorstellbar. Angesichts dieser Fischmengen stellt sich die Frage: Wo verbringen all diese Fische die Nacht? Diese Frage ist von existenzieller Bedeutung, sowohl für das Einzelindividuum als auch für die Art als biologische Einheit.

Doch fangen wir von vorne an! Wenn die Dämmerung hereinbricht, löst sie große Unruhe und Hektik im Riff aus. Die Tagaktiven versuchen noch einmal, sich den Bauch vollzuschlagen, begeben sich ein letztes Mal für diesen Tag zu einer Putzstation und suchen unruhig ihr Quartier für die Nacht auf. Viele Arten suchen sogar jede Nacht, oder zumindest über einen längeren Zeitraum, immer wieder den gleichen Schlafplatz auf. Gleichzeitig verlassen die Nachtaktiven ihre Schlafplätze und bereiten sich auf die Nacht vor.

Grund für diese große Unruhe sind die zahlreichen „Räuber", oder besser Jäger, wie Zackenbarsche, Haie, Muränen und Feuerfische, die diese Zeit zur Jagd nutzen, um reichlich Beute zu machen. Da auch nach dem Einbruch der Dunkelheit noch zahlreiche Jäger unterwegs sind, ist es für alle Fische wichtig, einen sicheren Schlafplatz zu finden. Auch der Zeitpunkt, diesen Schlafplatz aufzusuchen, ist von großer Bedeutung. Sucht ein Fisch seinen Schlafplatz zu früh auf und begibt sich zu früh zur Nachtruhe, dann läuft er Gefahr, im letzten Licht des Tages von einem der aktiven Jäger erbeutet zu werden. Wird der Schlafplatz zu spät aufgesucht, ist er möglicherweise schon besetzt, und dann wird es schwer, einen sicheren Ort für die Nacht zu finden. Im Laufe der Evolution hat jede Art ihre speziellen Schlafgewohnheiten entwickelt, die ebenso vielfältig wie originell sind.

Die Anemonenfische der Gattung *Amphiprion* halten sich tagsüber stets in unmittelbarer Nähe ihrer Anemone auf und verschwinden meist nur bei Gefahr zwischen den Tentakeln ihres Partners. Nachts kuscheln sie sich dagegen ganz tief zwischen die schützenden Tentakel und sind oft nur schwer zu entdecken. So sind sie hervorragend durch die nesselnde Anemone geschützt und brauchen keine dämmerungsaktiven oder nächtlichen Freßfeinde zu fürchten.

Die Fahnenbarsche der Gattung *Anthias* halten sich tagsüber im freien Wasser in unmittelbarer Riffnähe auf, wo sie auf Planktonjagd gehen. Bei Gefahr ziehen sie sich sofort ins Riff zurück und verschwinden in kleinen Spalten und Löchern oder zwischen den Ästen von Korallen. Genau die gleiche Strategie verfolgen sie während der Nacht. Im Schutz von Korallenästen oder in Löchern und Spalten versteckt, sind sie vor den Nachstellungen von möglichen Freßfeinden sicher. Zahlreiche andere Fischarten verbringen die Nacht ebenfalls einfach im Schutz von Löchern und Spalten, in die sie sich auch am Tag bei Gefahr zurückziehen.

Zahlreiche Papageifischarten scheiden nachts eine Schleimhülle aus. Dieser „Schlafsack" umhüllt den gesamten Körper und stellt einen Schutz gegen Freßfeinde dar.

Zu ihnen gehören unter anderem verschiedene Feilen- und Drückerfische. Viele Lippfischarten graben sich nachts dagegen einfach im Sand ein und entziehen sich auf diese Weise den Räubern.

Bei den verschiedenen Kugelfischarten, die während der Nacht ebenfalls einfach frei auf dem Untergrund liegen, ist die Erklärung für dieses Verhalten wesentlich einfacher. Viele Kugelfische sind giftig und haben auch am Tage nur wenige Feinde zu fürchten. Außerdem können sie sich bei Gefahr „aufblasen", was einen zusätzlichen Schutz vor Freßfeinden bietet. Bei vielen Kugelfischen kann man auch eine besondere Nachtfärbung beobachten, wie z. B. bei den Spitzkopfkugelfischen der Gattung *Canthigaster*, die eine dunkel marmorierte Färbung annehmen, die die Gestalt auflöst und der Tarnung dient. Sie verbringen die Nacht ebenfalls frei auf dem Boden liegend und sondern zusätzlich noch Hautsekrete ab, die auf Freßfeinde abschreckend wirken. Aus diesen Gründen sind Kugelfische nicht darauf angewiesen, sichere Schlafplätze aufzusuchen.

Das gilt genauso für die verschiedenen Kaninchenfischarten. Sie besitzen zahlreiche giftige Flossenstrahlen, die sie während der Nacht einfach alle abspreizen. Desweiteren legen sie eine spezielle Nachtfärbung an, die gestaltsauflösend wirkt und somit der Tarnung dient.

Nahezu alle bisher beschriebenen Arten genießen entweder durch ihre Giftigkeit bzw. Ungenießbarkeit oder durch ihren sicheren Schlafplatz einen ziemlich

DIE UNTERWASSERWELT

großen Schutz vor möglichen Freßfeinden. Interessanterweise zeigen sie auch alle einen vergleichsweise „festen" Schlaf und lassen sich z. B. durch die Unterwasserscheinwerfer kaum stören. Werden sie schließlich doch aufgeschreckt, taumeln sie vom Licht geblendet umher und stoßen immer wieder gegen Hindernisse, bevor sie erst nach geraumer Zeit richtig wach werden und davonschwimmen.

Das ist bei den folgenden drei Beispielen ganz anders. Der Halfterfisch *Zanclus cornutus* verbringt die Nacht frei über dem Boden stehend unter Überhängen oder zwischen großen Korallen- oder Felsblöcken. Die Färbung ändert sich dahingehend, daß hell gefärbte Bereiche dunkler bzw. rauchig werden. Der Besenschwanz-Feilenfisch *Alutera scriptus* steht nachts ebenfalls im freien Wasser, wobei er sich stets in der Nähe einer Felswand oder anderem Substrat aufhält. Seine Färbung nimmt eine deutliche Marmorierung an. Die Barben der Gattung *Parupeneus* schließlich liegen während der Nacht auf dem freien Sandboden. Ihre Nachtfärbung zeichnet sich durch einen wesentlich höheren Rotanteil aus.

In diesen drei Beispielen genießt keine Art einen Schutz durch Giftigkeit oder Ungenießbarkeit. Auch werden als Schlafplatz weder Löcher und Spalten, noch reichverzweigte Korallenstücke aufgesucht, die Schutz bieten würden. Als Folge daraus besitzen die Arten aus allen drei Beispielen einen sehr leichten Schlaf. Bereits schwache Lichtreize oder allein die durch Bewegungen verursachten Druckwellen reichen aus, die betreffenden Tiere sofort aufzuschrecken und in die Flucht zu treiben. Dabei scheinen sie sofort hellwach zu sein und haben in der Regel keinerlei Orientierungsprobleme. Der leichte Schlaf dieser Arten ist ihr Schutz vor Freßfeinden. Die Wahl des freien Wassers als Schlafplatz beim Besenschwanz-Feilenfisch erschwert es nachtaktiven Jägern darüber hinaus, die Tiere überhaupt aufzuspüren. Die Änderung der Färbung dient, wie auch schon in den anderen Fällen, der Gestaltsauflösung und somit der Tarnung.

Ganz unterschiedliche Schlafgewohnheiten findet man bei den Papageifischen der Familie Scaridae. Mit Einbruch der Dämmerung versammeln sich oftmals die Tiere einer Art aus einem Gebiet auf einer freien Sandfläche oder ähnlichem. Zu dieser Zeit sind sie extrem unruhig und haben eine sehr große Fluchtdistanz. Mit Einbruch der Dunkelheit sucht dann schließlich jeder Fisch seinen Schlafplatz auf, an dem er oftmals über lange Zeit immer wieder angetroffen werden kann. Kleinere Arten ziehen sich oft in Spalten zurück, während größere Arten sich einfach

Oben: Der Himmelblaue Füsilier (Caesio lunaris) ist tagsüber in großen Schwärmen am Riff anzutreffen (rechts). Die Nacht verbringt er einzeln am Boden (links).
Mitte: Wie die meisten anderen Falterfische zieht sich auch Kleins Falterfisch (Chaetodon kleinii) zum Schlafen in Spalten zurück (links).
Unten: Der tagsüber prächtig gefärbte Mondflossen-Zackenbarsch (Variola louti, rechts) ist nachts kaum wiederzuerkennen.

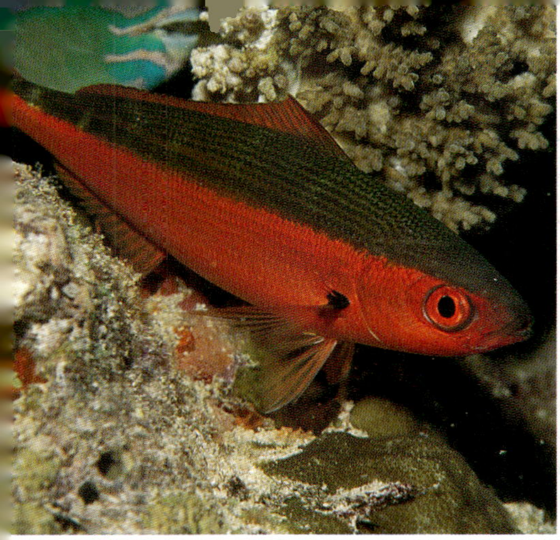
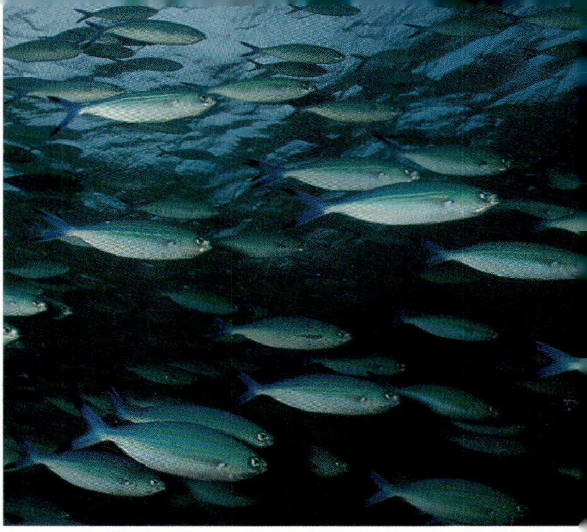
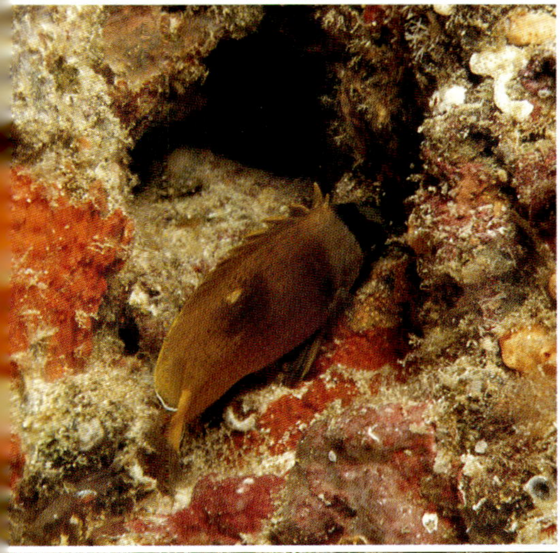
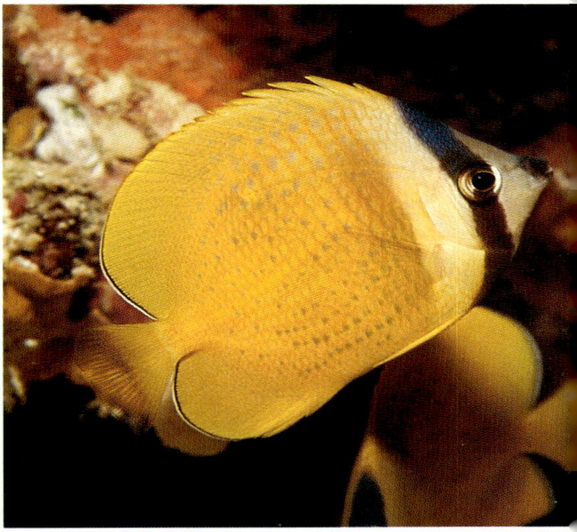
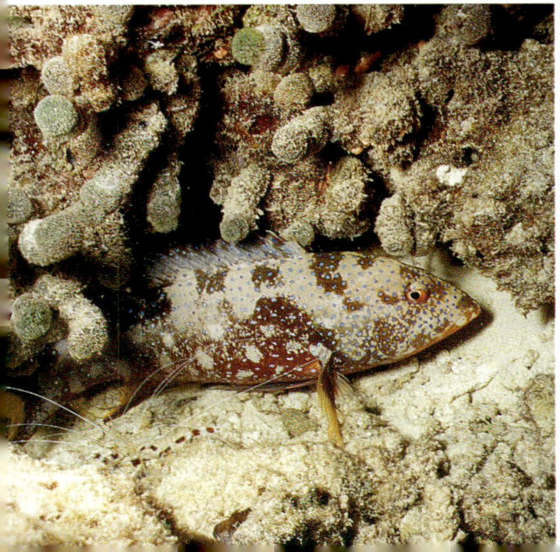
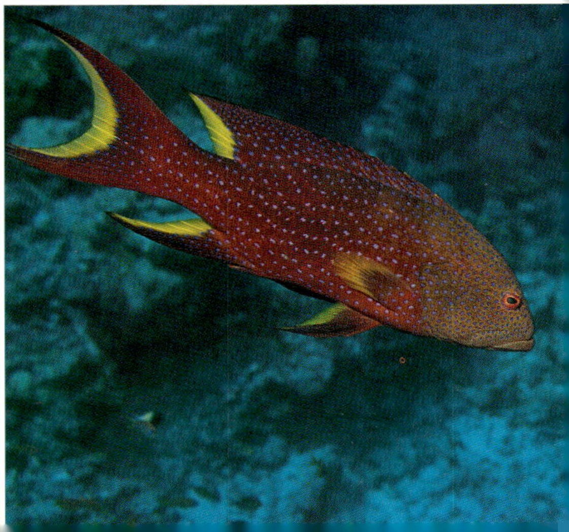

DIE UNTERWASSERWELT

frei auf den Boden legen, den Kopf oder eine Körperseite gegen einen Korallenblock oder Felsen stützen und so die Nacht verbringen. Mit zahlreichen Papageifischarten geht nach einer gewissen Zeit nach Einbruch der Dunkelheit dann jedoch etwas Sonderbares vor. Mit dem Atemwasser wird eine Schleimhülle aus dem Maul bzw. aus den Kiemenspalten ausgeschieden, die nach kurzer Zeit den gesamten Körper weiträumig wie ein Schlafsack umgibt. Diese Schleimhülle stellt nicht etwa eine wirksame Geruchsbarriere gegen Räuber dar, die sich geruchlich orientieren, wie z. B. Muränen. Statt dessen handelt es sich um einen „chemisch neutralen" Mantel, der bei Berührung durch Muränen kein Zubeißen auslöst.

Diese interessante Verhaltensweise kann man auch bei zahlreichen Lippfischen beobachten. Papageienfische, die sich zum Schlafen einfach in Spalten legen, kann man oft in verschachtelten Tischkorallenstöcken wie in Etagenbetten dicht an dicht übereinander liegen sehen.

Für viele Schwarmfische stellt sich ein ganz anderes Problem. Der Schwarmverband, der während des Tages Schutz vor Freßfeinden bietet, könnte während der Nacht dem gesamten Schwarm zum Verhängnis werden, wenn er von einem Räuber entdeckt würde. Aus diesem Grund lösen sich viele Schwärme mit Einbruch der Dunkelheit auf, und die Einzelindividuen suchen unabhängig voneinander einen Schlafplatz auf. Dadurch kann ein Räuber bestenfalls einzelne Tiere erbeuten, was für den Schwarm als Einheit keinen besonderen Schaden darstellt. In vielen Fällen legen auch diese Schwarmfische ein spezielles Nachtkleid an, das der Tarnung dienen soll. Füsiliere weisen nachts z. B. einen großen Rotanteil in ihrer Färbung auf, während die Flötenfische *Fistularia commersonii* ein „Ringelnachthemd" anlegen.

Als letztes sollen einige Vertreter der Falterfische der Familie Chaetodontidae betrachtet werden. Die meisten Arten suchen Spalten oder ähnliches auf und nehmen eine etwas dunklere, rauchige Nachtfärbung an. Bei dem Sparren-Falterfisch *Chaetodon trifascialis* ändert sich die Färbung jedoch mit Einbruch der Dämmerung drastisch. Die obere Hälfte des Körpers wird dunkel mit zwei deutlich sichtbaren Augenflecken. Diese Färbung kann auch tagsüber auftreten, wenn sich die Tiere bedroht fühlen. Bei dieser Färbung handelt es sich jedoch nicht um eine richtige Nachtfärbung, sondern um eine Dämmerungsfärbung. Ihre Hauptaufgabe soll wahrscheinlich die Arterkennung während der Dämmerung und das Abschrecken von möglichen Freßfeinden sein.

Diese zahlreichen Beispiele verdeutlichen, wie vielfältig und wie interessant die Nacht im Riff und die Schlafgewohnheiten tropischer Korallenfische sind und was die möglichen biologischen Hintergründe für sie sind.

Flötenfische (Fistularia commersonii) legen nachts ein „Ringelnachthemd" an.

Sparrenfalterfische (Chaetodon trifascialis) erhalten mit Einbruch der Dämmerung zwei helle „Augenflecken" auf dunklem Untergrund.

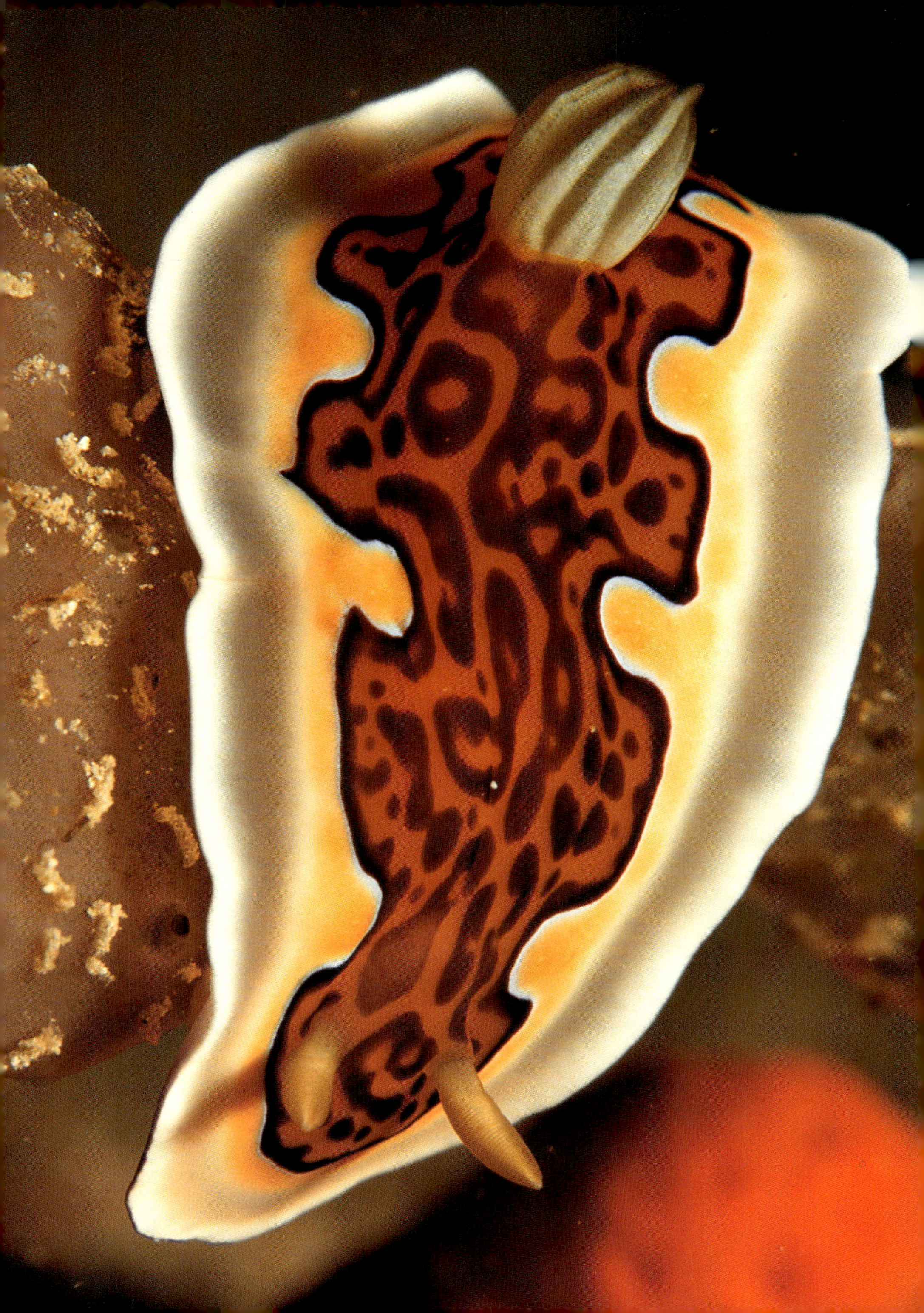

„Kleinigkeiten" auf den Malediven

Für nicht wenige Taucher war ein Tauchgang nur dann gut, wenn großeTiere wie Barsche, Napoleon-Lippfische, Haie, Mantas, Adlerrochen, Schildkröten oder gar Delphine gesehen wurden. Sicherlich läßt die Begegnung mit solchen Highlights das Herz eines jeden Tauchers höher schlagen, doch es gibt in den Riffen der Malediven überall auch eine Unzahl von kleineren und versteckt lebenden Tierarten, deren Entdeckung und Beobachtung einen Tauchgang ebenfalls zu einem unvergeßlichen Erlebnis machen können.

Ob es nun ein gut getarnter Schaukelfisch, ein neugieriger Spitzkopfkugelfisch, ein Langnasen-Büschelbarsch in seiner Gorgonie, ein bunter Plattwurm, eine farbenprächtige Nacktschnecke oder eine zierliche Putzergarnele bei der Arbeit ist, wenn man erst einmal ein Auge für diese „Kleinigkeiten" im Riff entwickelt hat, dann wird es wohl kaum noch Tauchgänge ohne große oder kleine Highlights geben. Im Folgenden sollen stellvertretend für die Vielfalt der „Kleinen" die Nacktschnecken, die Spitzkopfkugelfische und die Büschelbarsche der Malediven etwas genauer betrachtet werden.

Nacktschnecken

Nacktschnecken, die eine eigene Ordnung bilden, gehören zu den farbenprächtigsten und skurrilsten Meeresbewohnern und sind weltweit mit etwa 5.000 Arten vertreten. Im Gegensatz zu anderen Meeresgebieten ist die Nacktschneckenfauna der Malediven bislang nur unvollständig untersucht worden. Zum einen waren Nacktschnecken durch ihre substratgebundene Lebensweise den klassischen Fangmethoden der Meeresbiologie (z. B. mit Bodengreifer oder Dredsche) kaum zugänglich. Zum anderen spielt auch die geographische Lage der Inseln eine Rolle. Erst mit der touristischen Erschließung und dem Sporttauchen wurden gezielte Bestandsaufnahmen ermöglicht. In diesem Zusammenhang spielt auch die Unterwasserfotografie eine wichtige Rolle. Fotos bekannter Arten können wichtige Nachweise für Vorkommen und Verbreitungsgebiet einer Art sein. Aber auch zahlreiche neue, der Wissenschaft bislang unbekannte Arten wurden durch Unterwasserfotos überhaupt erst entdeckt. Zur Zeit sind von den Malediven mehr als 40 verschiedene Arten durch Unterwasseraufnahmen nachgewiesen.

Nacktschnecken zeichnen sich dadurch aus, daß sie keine schützende Schale mehr besitzen. Zwar tragen zahlreiche Arten beim Schlupf noch ein larvales Gehäuse, dieses wird jedoch schon nach kurzer Zeit reduziert. Der fehlende Schutz durch die Reduzierung der Schale wird bei den meisten Arten durch die Entwicklung von chemischen und biologischen Verteidigungswaffen wieder ausgeglichen. Dabei werden diese „neuen" Verteidigungsmechanismen je nach Art entweder selbst

Leopard-Prachtsternschnecke (Chromodoris gleniei).

produziert oder aber der Beute entnommen. Die Farbenpracht vieler Nacktschneckenarten steht in unmittelbarem Zusammenhang zu ihren neuen Waffen. Ihre leuchtenden Farben und die oftmals extrem auffälligen Muster dienen möglichen Freßfeinden als Warnsignale, die ihre Ungenießbarkeit oder sogar Giftigkeit signalisieren sollen.

Bei zahlreichen anderen Arten dienen Färbung und Muster, die oft exakt an ihre Beute, wie z. B. Schwämme, angepaßt sind, der Tarnung. Dabei nehmen die betreffenden Arten ihre Farbstoffe oft mit ihrer Nahrung auf, lagern sie in ihrem eigenen Körper ein und passen sich so farblich ihrer Beute an. Meist handelt es sich bei Nacktschnecken um ausgesprochene Nahrungsspezialisten, die jeweils nur wenige Monate in ihrem Lebensraum anzutreffen sind.

So unterschiedlich die äußere Gestalt der einzelnen Arten auch ist, allen gemeinsam ist der Besitz von einem Paar Rhinophoren am Kopf. Diese ursprünglich stabförmigen Fortsätze, die quergerillt, längsgerillt, glatt, gefiedert oder mit Lamellen besetzt sein können, sind Sitz des chemischen Sinnes. Sie tragen aber auch den Strömungssinn, der der gerichteten Bewegung und der Orientierung dient.

Systematisch wird die Ordnung der Nacktschnecken in vier verschiedene Unterordnungen gegliedert, wobei nur Vertreter der Stern- und der Fadenschnecken regelmäßig auf den Malediven anzutreffen sind. Aus den beiden anderen Unterordnungen konnte bisher jeweils nur eine Art für die Malediven nachgewiesen werden

Sternschnecken zeichnen sich in der Mehrzahl (bis auf die Vertreter der Familie der Warzenschnecken) durch den Besitz einer Kiemenkrone aus, die aus mehreren kreis- oder hufeisenförmig angeordneten, einfach oder mehrfach gefiederten Ästen besteht. In ihrem Zentrum befindet sich der After. Die Kiemen können bei Gefahr eingezogen werden.

Die **Prachtsternschnecken** (Familie Chromodorididae) stellen die wohl farbenprächtigsten und auffälligsten Vertreter unter den Nacktschnecken.

Die **Neonsternschnecken** (Familie Polyceridae) bilden eine große Familie mit Verbreitungsschwerpunkt in tropischen Meeren. Der deutsche Name bezieht sich auf die meist plakativen, grellen Neonfarben der Tiere.

Warzenschnecken (Familie Phyllidiidae), die trotz ihrer abweichenden Körperform ebenfalls zu den Sternschnecken gerechnet werden, besitzen keine sternförmige Kiemenkrone. Statt dessen befinden sich zwischen Mantel und Fuß beidseits zahlreiche Kiemenblättchen. Wie der Populärname Warzenschnecken schon sagt, kann man die Vertreter dieser Familie an ihrer mit Warzen bedeckten Körperoberfläche leicht erkennen. Warzenschnecken ernähren sich ausschließlich von Schwämmen. Da sie keine Raspelzunge haben, stülpen sie spezielle „Munddrüsen" aus dem Maul heraus, um ihre Nahrung außerhalb des Körpers aufzulösen und dann einzusaugen.

Die Orangefleck-Neonsternschnecke (Nembrotha guttata (N. yonowae)) wurde erst Anfang der 90er Jahre auf den Malediven entdeckt und beschrieben. Die Gepunktete Prachtsternschnecke (Chromodoris tritos (C. tertianus)) gehört mit zu den häufigsten Nacktschneckenarten auf den Malediven.

Die Orange-rote Fadenschnecke (Phestilla melanobrachia, links) ist eher selten, während die Schlangen-Fadenschnecke (Pteraeolidia ianthina, rechts) auf den Malediven vergleichsweise häufig anzutreffen ist.
Auch die Große Dreifarbige Warzenschnecke (Phyllidia arabica) ist nicht selten.

Die Vertreter der Unterordnung **Fadenschnecken** (Aeolidacea) kann man leicht an ihren meist fadenförmigen und spitz zulaufenden Fortsätzen erkennen, die als Kolben oder Cerata bezeichnet werden. Sie können ihre Rhinophoren nicht einziehen und besitzen auch keine Kiemen. Durch ihre sehr große Körperoberfläche findet bei ihnen der Gasaustausch über die Haut statt (Hautatmung). Die meisten Arten ernähren sich von verschiedenen Nesseltieren. Die Fortsätze stehen gruppenweise auf dem Rücken der Tiere und sind oft auffällig gefärbt oder gebändert. Bei vielen Arten enthalten sie Ausstülpungen der Mitteldarmdrüse, einer Verdauungsdrüse. Sie münden in der Spitze jeweils in einen Nesselsack, in dem die gefressenen, noch voll funktionsfähigen Nesselzellen gespeichert werden. Wieso die Nesselzellen beim Fressen nicht ausgelöst werden, und warum sie nicht verdaut werden, ist noch nicht geklärt. Bei Gefahr reißen die Nesselsäcke an einer Sollbruchstelle auf, die Nesselzellen werden ausgestoßen und dienen der eigenen Verteidigung. Man spricht in diesem Zusammenhang auch von Cleptocniden, von „geklauten" Nesselzellen.

Spitzkopfkugelfische

Spitzkopfkugelfische aus der Gattung *Canthigaster* leben mit 25 bekannten Arten in den tropischen Korallenriffen, wobei mit 22 Arten die Mehrzahl von ihnen im indopazifischen Raum anzutreffen ist. Davon sollen 9 Arten im Pazifik und 11 Arten im Indischen Ozean vorkommen. Zwei weitere Arten stammen aus dem Roten Meer und sind dort endemisch. Dagegen sind nur 3 weitere Arten aus dem Atlantik und der Karibik bekannt.

Es handelt sich durchweg um kleinbleibende, attraktiv gefärbte Tiere. Außer durch ihre geringe Größe unterscheiden sie sich von anderen Kugelfischen vor allem durch ihre seitlich etwas zusammengedrückte Körperform, den schnauzenförmig verlängerten Kopf und eine besonders kleine Kiemenöffnung. Ein Kamm auf dem schmalen Rücken und ein steifes, kielähnliches Gebilde auf der Bauchseite sind weitere Unterscheidungsmerkmale.

Wie auch die anderen Kugelfische sind die Spitzkopfkugelfische in der Lage, sich bei Störungen aufzublasen, indem sie ruckweise Wasser schlucken, das in dehnbare, dünnwandige Ausstülpungen des Magens gelangt. Ist die Bedrohung vorüber, kann das Wasser ebenso zügig wieder ausgespuckt werden. Während die Fische „aufgeblasen" sind, sind sie vergleichsweise hilflos und kaum manövrierfähig. Doch das ist offensichtlich auch nicht notwendig, da das „Aufblasen" für einen möglichen Freßfeind meist eine so große Überraschung ist, daß er von seinem Opfer schnell wieder abläßt. Zusätzlichen Schutz vor Freßfeinden genießen Kugelfische durch ihre Giftigkeit. Außerdem sondern Spitzkopfkugelfische ein abschreckend wirkendes Hautsekret ab.

DIE UNTERWASSERWELT 40

Alle Kugelfische zeichnen sich durch eine auffallende Fortbewegungsweise aus, die gewisse Ähnlichkeiten mit dem Flug eines Hubschraubers aufweist. Bewegungen der Rücken- und Brustflosse sind verantwortlich für den Hauptvortrieb und ermöglichen den Tieren auch, rückwärts zu schwimmen und auf der Stelle zu drehen. Dabei sind die Brustflossen ebenfalls ständig in Bewegung, um Kursänderungen aller Art vorzunehmen. Die Schwanzflosse, die zwar auch zur Steuerung verwendet werden kann, kommt nur ausnahmsweise, z. B. bei der Flucht, zum Einsatz. Dieser Schwimmstil gewährleistet größtmögliche Beweglichkeit der Tiere auf engstem Raum, wodurch sich ja bekanntlich auch die eingangs erwähnten Hubschrauber auszeichnen. Sie sind damit hervorragend an ihre spalten- und schlupfwinkelreichen Lebensräume angepaßt, in denen exaktes Manövrieren oftmals lebenswichtig sein kann.

Auf den Malediven sind insgesamt acht verschiedene Arten nachgewiesen worden, darunter Bennetts Spitzkopfkugelfisch, der Perl-Spitzkopfkugelfisch, der Braunrücken-Spitzkopfkugelfisch, der Braunpunkt-Spitzkopfkugelfisch und der Sattelflecken-Spitzkopfkugelfisch.

Nicht immer wenn man meint, den Sattelflecken-Spitzkopfkugelfisch zu beobachten, handelt es sich auch um ihn! Manchmal kann man bei einzelnen Exemplaren bei genauerem Hinsehen geringfügige, aber eindeutige Unterschiede im Zeichnungsmuster erkennen, die auch auf den Fotos zu erkennen sind. In diesen Fällen handelt es sich dann um den bis zu 8 cm groß werdenden Sattelflecken-Feilenfisch, der in Tiefen zwischen 2–25 m vorkommt. Hierbei handelt es sich um ein klassisches Beispiel von Mimikry, bei der eine relativ seltene und harmlose Art eine häufigere und giftige oder ungenießbare Art nachahmt. So wie unseren Augen die Unterscheidung der beiden Arten schwer fällt, können auch potentielle Freßfeinde die beiden Arten nicht voneinander unterscheiden und verschmähen sie deshalb beide. Der Sattelflecken-Feilenfisch genießt durch seine Färbung also, ganz unberechtigt, einen besseren Schutz vor Freßfeinden.

Oben links: Braunpunkt-Spitzkopfkugelfisch (Canthigaster tyleri).
Oben rechts: Perl-Spitzkopfkugelfisch (Canthigaster janthinoptera).
Mitte links: Bennetts Spitzkopfkugelfisch (Canthigaster bennetti).
Mitte rechts: Braunrücken-Kugelfisch (Canthigaster smithae).
Unten links: Sattelflecken-Spitzkopfkugelfisch (Canthigaster valentini).
Unten rechts: Sattelflecken-Feilenfisch (Paraluteres prionurus).

Bitte als Postkarte freimachen

Postkarte

Delius Klasing Verlag
Postfach 10 16 71

D-33516 Bielefeld

Bestellung

Hiermit bestelle ich über meine Buchhandlung

___ Expl. **Handbuch des Tauchsports**
DM 68,– / öS 510,– / sFr 65,–

☐ Bitte senden Sie mir Ihr neues
Gesamtverzeichnis „Tauchen"

_____
Name / Vorname

_____
Straße / Nr.

_____
PLZ / Wohnort

_____
Datum / Unterschrift

DAS HANDBUCH DES TAUCHSPORTS

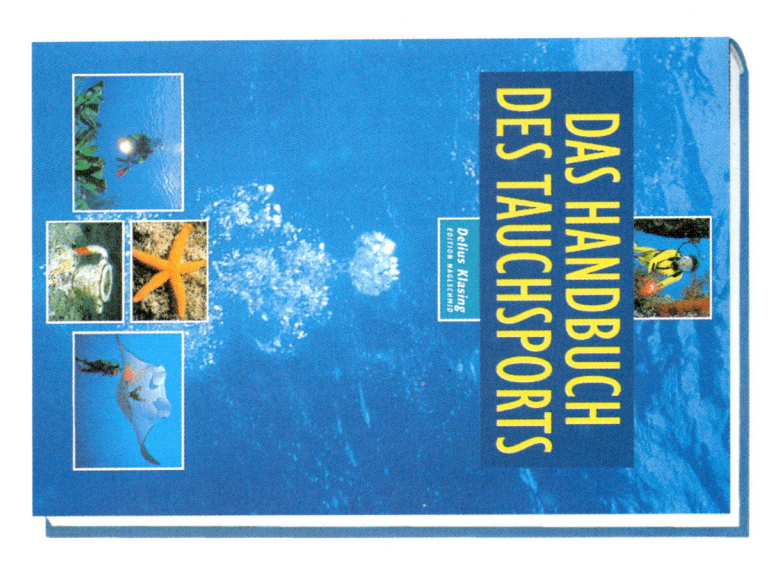

Ideales Einsteigerbuch, umfassendes Nachschlagewerk

Das informative Grundlagenwerk für den aktuellen Tauchsport! Bekannte Autoren vermitteln die grundsätzlichen Themen: Geschichte, Meereskunde, UW-Archäologie, Biologie, Technik, Dekompression, Film und Foto, Ausrüstung, Apnoetauchen, Kindertauchen, Medizin, und Recht.

Das Handbuch des Tauchsports
416 S., 174 farb., 97 zweifarb. u. 167 SW/Abb., 93 Tab., 7 Karten, geb.
DM 68,- / öS 510,- / sFr 65,-
ISBN 3-7688-0945-5

Delius Klasing
EDITION NAGLSCHMID

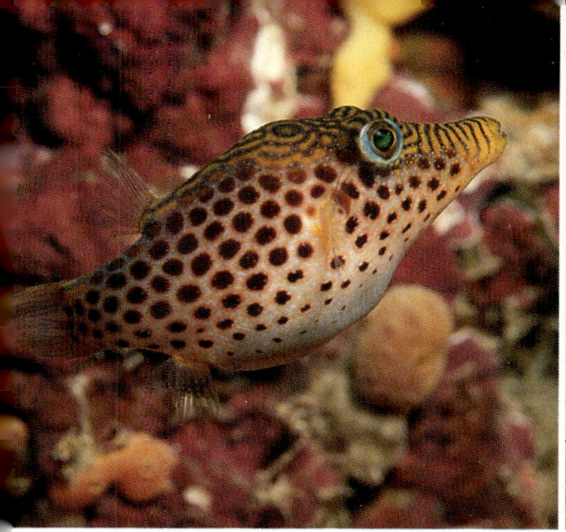
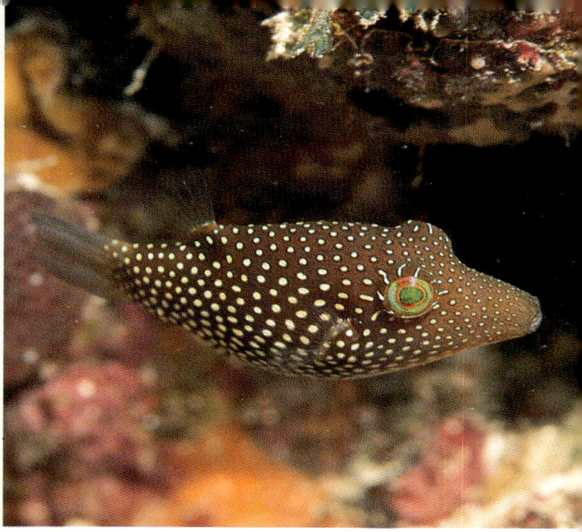
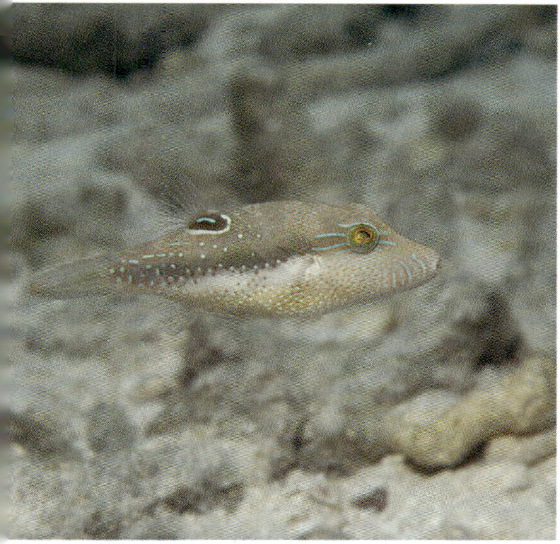
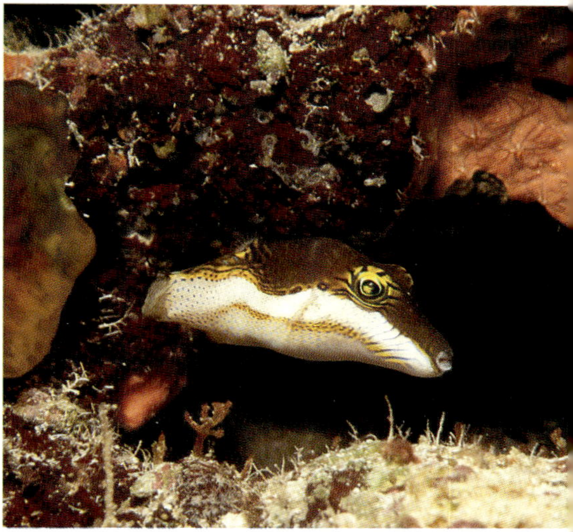
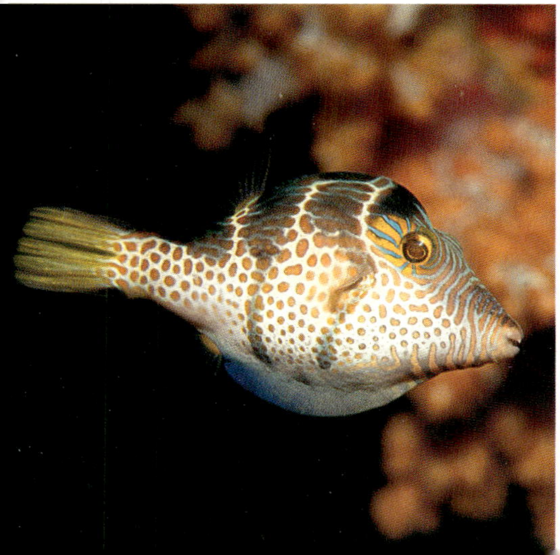
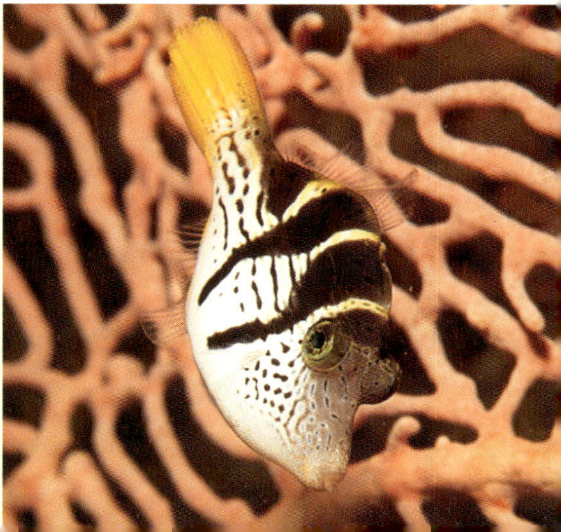

DIE UNTERWASSERWELT

Büschelbarsche – Korallenklimmer – Falkenfische

Diese Barschfamilie ist mit 35 meist kleinbleibenden Arten aus neun verschiedenen Gattungen vergleichsweise unbedeutend und wird aus diesem Grund auch oft vernachlässigt. Abgesehen vom Riesenbüschelbarsch, der bis zu 45 cm groß werden kann, erreichen die meisten Arten nicht mehr als 10–20 cm Körperlänge. Büschelbarsche bewohnen die tropischen und subtropischen Regionen in allen Ozeanen.

Der deutsche Name „Büschelbarsche" bezieht sich auf ein gemeinsames Merkmal dieser Familie. Am Ende ihrer Rückenflossenstrahlen und über dem Maul befinden sich nämlich feine, pinselartige Büschel. Auch der zweite Name „Korallenklimmer" läßt sich leicht erklären. Er bezieht sich auf eine etwas seltsam anmutende Fortbewegungsweise dieser Fische. Mit ihren freistehenden Brustflossenstrahlen können sie sich überall im Korallengeäst bzw. am Substrat festklammern. Dies ist auch der bevorzugte Aufenthaltsort der meisten Büschelbarsche, an dem sie oft stundenlang bewegungslos lauern. Als reine Lauerjäger bevorzugen sie dabei hoch gelegene, freie Aussicht bietende Standorte. Wie auf einem Hochsitz lauern sie bewegungslos ihrer Beute, kleinen Fischen und bodenbewohnenden Krebstieren, auf, um sich blitzartig auf sie zu stürzen, sobald diese in ihre Nähe geraten. Schlägt ihr Überraschungsangriff fehl, so verfolgen die schlechten Schwimmer, die wie viele substratgebundene Fische keine Schwimmblase mehr besitzen, ihre Beute nur selten. Statt dessen erklimmen sie ihren Ansitz mit Hilfe ihrer spezialisierten Brustflossen aufs neue, unterstützt von kurzen, ruckartigen Schwimmbewegungen, um dort wieder mit schier unendlicher Geduld auf neue Beute zu warten. Diese Form der Jagd brachte den Büschelbarschen auch ihren englischen Namen „Hawkfishes" („Falkenfische") ein.

Auch von den Büschelbarschen wurden für die Malediven bislang acht verschiedene Arten nachgewiesen, darunter der Gestreifte Korallenwächter, der Regenbogenaugen-Korallenwächter, der Langnasen-Büschelbarsch, der Gefleckte Büschelbarsch und der Zwerg-Büschelbarsch.

Oben links: Gestreifter Korallenwächter (Paracirrhites forsteri) dunkle Form.
Oben rechts: Gestreifter Korallenwächter (Paracirrhites forsteri) helle Form.
Mitte links: Langnasen-Büschelbarsch (Oxycirrhites typus).
Mitte rechts: Regenbogenaugen-Korallenwächter (Paracirrhites arcatus).
Unten links: Zwerg-Büschelbarsch (Cirrhitichthys falco).
Unten rechts: Gefleckter Büschelbarsch (Cirrhitichthys oxycephalus).

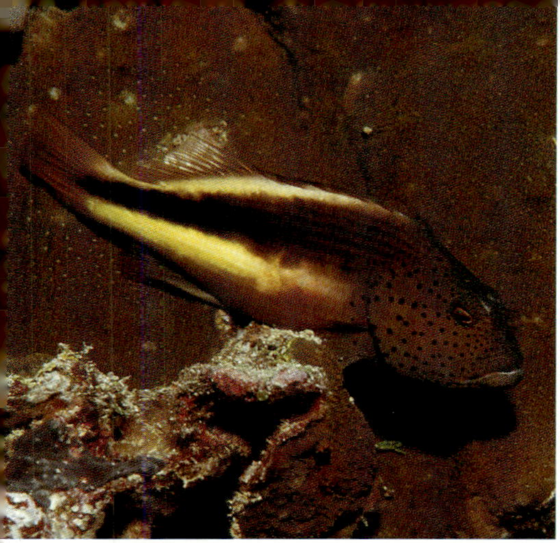
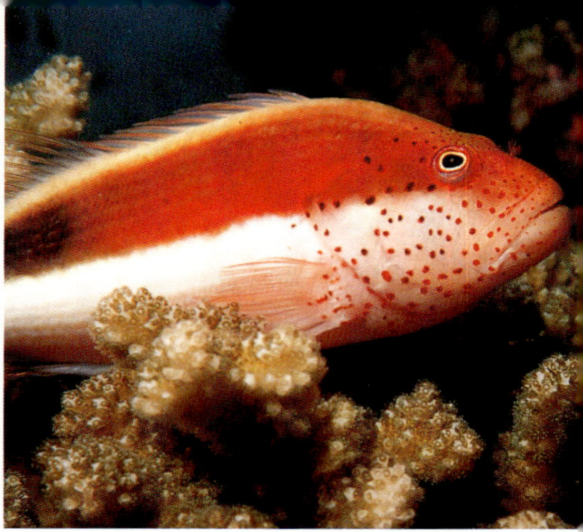
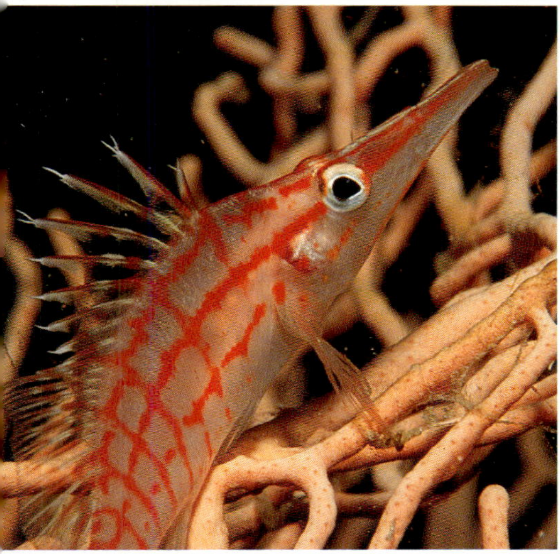
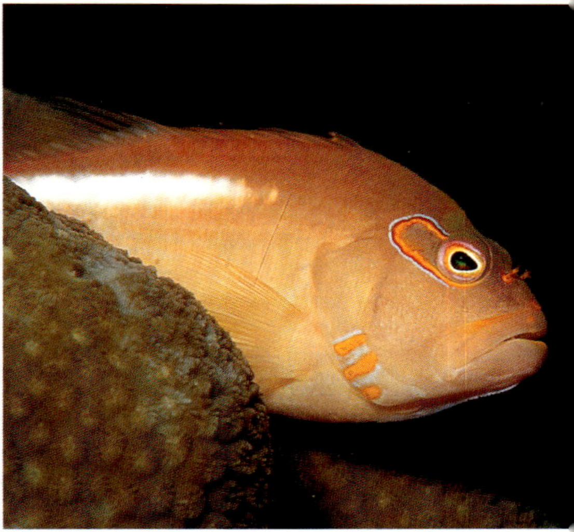
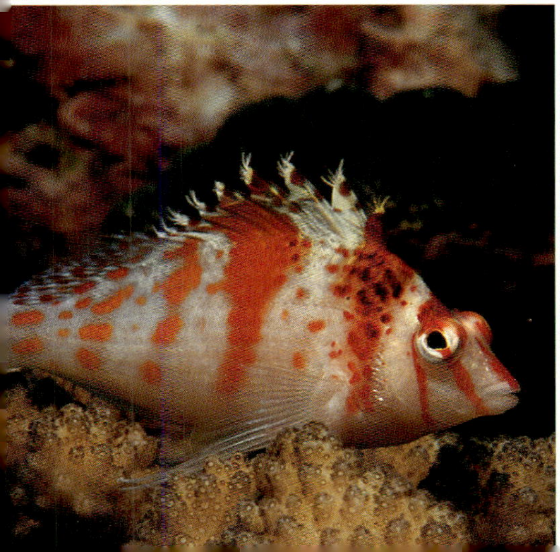
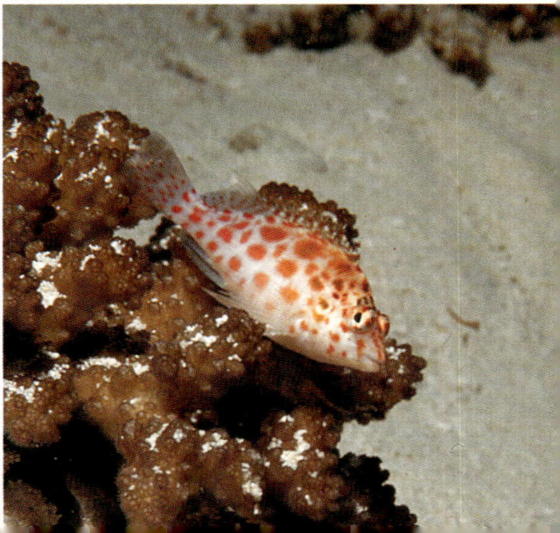

Schnorcheln und Tauchen auf den Malediven

Wenn Sie auf einer Malediveninsel ankommen, werden Sie zunächst bei der Begrüßung über alles Wesentliche informiert: Basisöffnungszeiten, Eincheckzeiten (hierfür brauchen Sie Logbuch, Brevet und ärztliches Attest), Zeiten der Tauchausfahrten, das Eintragen in Bootslisten, Struktur des Hausriffes, was bei Tauchgängen am Hausriff zu beachten ist und vieles andere mehr.
Die Tauchbasen auf den Malediven stehen bis auf wenige Ausnahmen unter deutschsprachiger Leitung. Das Angebot an Tauchprogrammen ist vielfältig. Es reicht von der Ausbildung bis zu verschiedenen Tauchpaketen, wie beispielsweise Non-limit-Tauchen (unbegrenzte Anzahl von Tauchgängen), Tauchgänge mit und ohne Ausrüstung, mit und ohne Begleitung. Bootsfahrten müssen extra bezahlt werden. Es ist meist preisgünstiger, Tauchkurse oder ein Tauchprogramm bereits im Reisebüro zusammen mit der Reise zu buchen.
Tauchausfahrten beginnen in der Regel vormittags zwischen 8 und 9 Uhr und nachmittags zwischen 14 und 15 Uhr. Hierbei ist es wichtig zu wissen, daß es meist eine sogenannte „Inselzeit" gibt, die von der jeweiligen Inselleitung bestimmt wird, und somit zu den Nachbarinseln ein Zeitunterschied von bis zu 90 Minuten bestehen kann. Die Anfahrtszeiten zu den einzelnen Tauchplätzen liegen zwischen 10 und 60–70 Minuten.
Auf vielen Inseln werden von der Tauchbasis auch sogenannte Fulldays (Tagesfahrten) angeboten. Diese Ganztagesfahrten führen zu weit entfernten und aus verschiedenen Gründen interessanten Tauchplätzen. So kommen beispielsweise Boote aus dem Süden des Ari-Atolls in den Norden und umgekehrt. Die einen wegen der Haie (z. B. Fish Head, Maaya Tila) und die anderen wegen der Mantas (z. B. Madivaru) oder wegen des besonders schönen Korallenbewuchses (z. B. Kuda Rah Tila, Thinfushi Tila). Es werden zwei Tauchgänge gemacht, entweder am gleichen oder an verschiedenen Riffen. Für das Mittagessen ist gesorgt: Es wird an Bord zubereitet, um Getränke kümmern Sie sich am besten selbst. Denken Sie an ausreichend Sonnenschutz und eventuell an eine Kopfbedeckung.
Auf den Tauchdhonis ist meist nicht viel Platz, so daß es wichtig ist, mit den eigenen Sachen Ordnung zu halten. Am Steg steht immer ein wassergefüllter Eimer vor den Dhonis. Er ist dazu gedacht, daß Sie Ihre Füße von Sand befreien, bevor Sie an Bord gehen, und das Dhoni (auf dem manche Crews übrigens auch schlafen) somit sauber bleibt.

Auf Ganztagesfahrten werden über Mittag oft andere Inseln angelaufen, um eine kleine Pause einzulegen.

Eine andere Art, einen Tauchurlaub auf den Malediven zu erleben, ist eine Tauchkreuzfahrt. Das Reizvolle an solchen Touren ist die Unabhängigkeit und die Möglichkeit, viele verschiedene Tauchplätze und Inseln, eventuell sogar verschiedene Atolle kennenzulernen. Wer möchte nicht einmal an einem Riff tauchen, an dem vorher noch kaum ein anderer Taucher gewesen ist? Das weckt die Abenteuerlust und ist sicher eines der schönsten Erlebnisse, die man sich vorstellen kann. Damit man aber eine solche Reise auch wirklich genießen kann, sollte man sich neben dem Reisepreis vorher über einige wichtige Dinge wie Größe, Ausstattung und Komfort der verschiedenen Schiffe sowie die Anzahl der Mitreisenden informieren. Auch die Reiseziele sind unterschiedlich, und Sie sollten überlegen, welchen Teil der Malediven Sie bereisen möchten. An Bord der schwimmenden Hotels ist übrigens besondere Sparsamkeit beim Wasserverbrauch (speziell beim Duschen) vonnöten, da die Süßwassertanks der Kreuzfahrtschiffe meist nicht sehr groß sind.

Tauchen auf den Malediven heißt aber doch in aller Regel Tauchen von einer Hotelinsel aus. Und da bietet sich den Tauchern häufig (je nach Insel unterschiedlich gut) vor allem die Möglichkeit des Tauchens am Hausriff. Dabei sind Sie unabhängig von geregelten Abfahrtszeiten der Dhonis, und für die für Seekrankheit anfällige Taucher entfallen die lästigen Bootsfahrten. Weitere

Tauchen am Hausriff gehört mit zu den „Bonbons" auf den Malediven. Man muß sich nur in einer Liste an der Tauchbasis eintragen, Ausrüstung und Flasche holen...

Vorteile sind der bequeme Einstieg ins Wasser und der meist kurze Weg von der Tauchbasis zum Hausriff. Vor jedem Hausrifftauchgang muß die Strömung (Richtung und Stärke) überprüft werden, was im einfachsten Fall am Bootsanlegesteg gemacht werden kann. Denn von der Richtung der Strömung ist natürlich auch die Einstiegsstelle abhängig. Außerdem kann man sich noch anhand der Gezeitentabelle über Hoch- bzw. Niedrigwasserzeiten informieren. Zu den Zeiten des höchsten bzw. niedrigsten Wasserstandes herrscht eine sogenannte Stillwasserphase (geringste Strömung). Ein weiterer Vorteil des Hausrifftauchens liegt darin, daß es auf den meisten Inseln zu jeder Tages- oder Nachtzeit möglich ist, zum Tauchen zu gehen. Dies macht die Taucher völlig unabhängig. Ein Eintrag in die Hausriffliste genügt. Bei all den Vorteilen sollte man aber einen Punkt nicht außer acht lassen – je mehr Tauchgänge pro Tag gemacht werden, um so höher ist die Sättigung mit Stickstoff in den Geweben. Erliegen Sie nicht der Versuchung, einen Tauchgang an den anderen zu reihen, ohne ihrem Körper zwischen den Tauchgängen genügend Zeit zum Entsättigen zu geben.

Die Lagunen und Hausriffe der meisten Inseln sind natürlich auch bestens zum Schnorcheln geeignet. Im Stillwasserbereich der Lagunen ist das Schnorcheln einfach und problemlos, am Hausriff dagegen sollte man auch als Schnorchler die Strömung berücksichtigen und vor allem auf die ein- und ausfahrenden Boote achten. Auch Schnorchler sollten nie alleine, sondern nur zu zweit unterwegs sein. Schnorcheln Sie immer zuerst gegen die Strömung, um wieder leicht zu Ihrem

...und nach wenigen Metern erreicht man bereits das Wasser. Von dort aus ist es bei vielen Inseln nicht mehr weit bis zum Hausriff.

Ausgangspunkt zurückzukommen. Vergessen Sie nicht, sich vor der Sonne zu schützen. Zumindest ein T-Shirt ist unbedingt erforderlich. Beim Schnorcheln sind Begegnungen mit Haien, Schildkröten und einer Menge anderer Fische keine Seltenheit, und so können Schnorcheltouren genauso erlebnisreich sein wie Tauchgänge an einem Riff.

Nahezu alle Tauchgänge auf den Malediven sind Strömungstauchgänge, das heißt, es steht keine Ankerleine als Ab- und Auftauchhilfe zur Verfügung, sondern man wird nach einem Tauchgang vom Dhoni wieder dort eingesammelt, wo man gerade auftaucht.

An einem Faru, einem langgezogenen, oft steil abfallenden Riff, ist es kein Problem, mit der Strömung zurechtzukommen. Man kann am Riffabhang abtauchen und sich am Riff entlang mit der Strömung treiben lassen. Meist durchziehen Überhänge oder Höhlen das Riff, und es ist immer interessant einen Blick hinein zu wagen. Da ein Faru immer bis dicht unter die Wasseroberfläche reicht, ist auch das Austauchen und der Sicherheitsstop in 5 Meter Tiefe kein Problem, da man das Riff als optischen Bezugspunkt benutzen kann. Es kommt nur selten vor, daß einem an einem Faru die Strömung entgegen kommt, dennoch ist es möglich, daß Verwirbelungen entstehen oder Strömungen nach unten oder oben ziehen. Achten Sie daher auf Ihre Tiefe und Ihre Tarierung. Am Ende des Tauchgangs sollten Sie etwas vom Riff entfernt auftauchen, damit das Dhoni Sie problemlos aufsammeln kann.

SCHNORCHELN UND TAUCHEN

Etwas mehr Erfahrung ist nötig, um an einem Tila tauchen zu können. Das Riffdach eines Tilas kann in größerer Tiefe (10–20 Meter) liegen. In diesem Fall ist freies Ab- und Auftauchen nötig, was erheblich höhere Anforderungen an die Taucher stellt, da die Tarierungskontrolle ohne optischen Bezugspunkt erfolgen muß. Hinzu kommt, daß Tilas oft strömungsexponiert liegen und schnelles Abtauchen nötig ist. Das kann bei ungeübten Tauchern zu Problemen beim Druckausgleich und womöglich zum Abbruch eines Tauchganges führen, der noch gar nicht richtig angefangen hat. Schließlich kann die Strömung noch der Grund sein, weshalb man das Tila eventuell nur im „Vorbeiflug" gesehen hat. Das Abtauchen beginnt man am besten schräg gegen die Strömung bis in die gewünschte Tiefe. Von dort aus geht es dann weiter mit der Strömung am Riffabhang entlang. Am Ende des Tauchganges muß der empfohlene Sicherheitsstop (in 5 m Tiefe), je nachdem in welcher Tiefe das Riffdach liegt, im freien Wasser gemacht werden, was für Anfänger ungeeignet ist.

Die Bootscrew folgt den Luftblasen der Taucher und sichtet diese nach dem Auftauchen meist zügig. Während des Südwest-Monsuns können jedoch Unwetterfronten mit unglaublicher Geschwindigkeit während eines Tauchganges „heranrollen", so daß die Sicht über Wasser durch plötzlichen Regenfall weit unter 50 Meter sinken kann und die Wellen meterhoch ansteigen können. Sollte es einmal dazu kommen, daß Sie abgetrieben werden oder auch bei normaler Sicht weit entfernt vom Dhoni auftauchen, so gibt es verschiedene Möglichkeiten, wie Sie auf sich aufmerksam machen können. Zur Wahl stehen Signalboje, Signalpfeifen, Signalpatronen oder Lampen, die ein sehr helles Licht aussenden (Stroboskoplampen). Signalbojen sind nicht sehr teuer, können aber meist auch vor Ort ausgeliehen werden. Sie haben aufgerollt bequem in der Jackettasche Platz und müssen bei Bedarf aufgeblasen werden (z. B. mit der Luftdusche des Oktopus). Sie ragen im aufgeblasenen Zustand etwa 2 m über die Wasseroberfläche und können auch von weitem gut erkannt werden. Eine Signalpfeife (Dive Alert) befestigt man zwischen Inflatorschlauch und Inflatoranschluß. Sie funktioniert mit Druckluft und gibt einen sehr lauten durchdringenden Ton ab. Signalpatronen sind besonders nachts ein sehr effektives Mittel, um auf sich aufmerksam zu machen. Auch Blitzlichtlampen geben ein sehr helles Licht ab und können von weitem gesehen werden.

Seien Sie für den Fall einer Abdrift vorbereitet und spielen Sie Ihr Verhalten in solch einer Situation geistig durch! Werfen Sie Ihren Bleigurt nicht ab, sondern befestigen Sie ihn gegebenenfalls an der Schnur Ihres Ballons und verwenden Sie diesen als Anker, falls Sie über ein Giri, das heißt ein sehr flaches Riff, getrieben werden. Warten Sie dort dann darauf, daß Hilfe eintrifft. Das wichtigste aber ist, daß Sie, falls Sie einmal abgetrieben werden, Ruhe bewahren, denn darin liegt letztendlich die Kraft, eine solche Situation zu bewältigen.

Pilz-Lederkoralle (Sarcophyton trochelioporum)

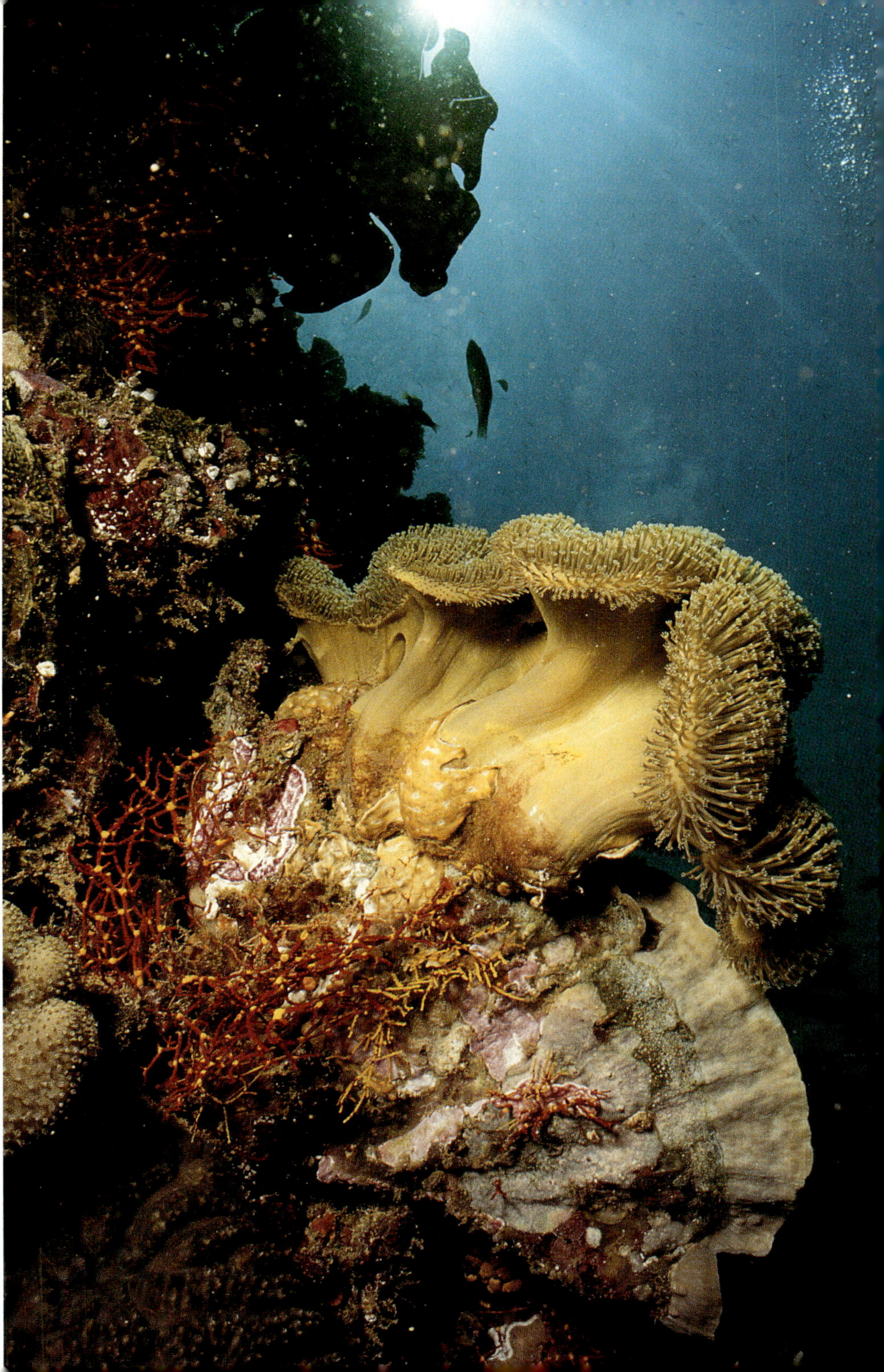

Umweltschutz auf den Malediven

Jährlich besuchen derzeit knapp 300.000 Touristen die Malediven, was zwangsweise zu einer Belastung der Unterwasserwelt führen muß. An erster Stelle steht hier die durch den Tourismus verursachte, ungeheure Menge Müll, die bis vor kurzem ins Meer geworfen wurde. Inzwischen wurden jedoch neue Entsorgungsmaßnahmen entwickelt. Ein von Norwegen unterstütztes Projekt besteht in der Installation von Verbrennungsöfen, die den Müll vernichten. Bis zum Jahr 2000 sollen auf den Touristeninseln solche Öfen realisiert werden.
Des weiteren sind Pilotprojekte für Anlagen im Gespräch, die Phosphate aus den Seifen und Wäschereien herausholen. Auf manchen Inseln, wo die Abwässer ungeklärt ins Meer fließen, sind bereits Rifteile durch zu starkes Algenwachstum bedroht. Daher sollten Sie bei Ihrer Reise auf die Malediven nur biologisch abbaubare Seifen verwenden, um so die Korallenriffe direkt mit zu schützen.
Ganz besonders unterstützt die Chartergesellschaft LTU seit 1993 den Umweltschutz auf den Malediven, indem sie auf dem Hinflug an alle Passagiere „Ökobeutel" verteilt, in denen sämtlicher während des Urlaubs anfallender Plastik- und Feststoffmüll gesammelt werden soll. Beim Rückflug stehen für die Müllbeutel eigens Container bereit, in denen der Müll zur Entsorgung nach Deutschland zurückgeflogen wird. Die Resonanz auf dieses Umweltprojekt der LTU war bisher so groß (70 %), daß die Zahl der Container inzwischen vergrößert wurde. Doch auch wenn Sie mit einer anderen Fluggesellschaft auf die Malediven fliegen, die leider noch keine so sinnvolle ökologische Verantwortung zeigt, sollten Sie Ihre Abfälle wie Sonnencreme- oder Haarshampooflaschen und Batterien wieder mit nach Hause nehmen. Was auf dem Hinflug im Reisegepäck Platz hatte, paßt auch auf dem Rückflug rein!
Ein wichtiger Beitrag zur Müllvermeidung ist auch der Verzicht auf Getränke in Einwegverpackungen (Dosen, Plastikflaschen). Wählen Sie statt dessen umweltfreundliche Getränke wie Tee, Faßbier oder Softdrinks in Pfandflaschen, die auf manchen Inseln bereits angeboten werden!

Zum Schluß noch einige Verhaltensregeln für umweltbewußte Taucher:

– Tarierung perfektionieren: so wenig Blei wie nötig, so daß Schweben über den Korallenblöcken möglich ist.
– Überlegter Flosseneinsatz: mittels Tarierung oder leichtem Abstoßen mit einem Finger erst Abstand zu Korallenformationen herstellen, dann erst die Flossen benutzen.

Leider kein seltenes Bild: Bei starker Strömung verkeilt sich ein UW-Fotograf an einem kleinen Korallenstock, um vor sich ein Stück „heile UW-Welt" abzulichten. Kurz danach brach der ganze Stock ab und riß die Haarsterne und andere kleine Korallenstöcke an der Steilwand mit sich in die Tiefe. So einmalig kann ein Motiv gar nicht sein, um solch rücksichtsloses Verhalten zu rechtfertigen!

– Abstehende Ausrüstungsteile befestigen, so daß ein Schleifen über den Grund vermieden wird.
– Handschuhe sind nicht dazu da, daß man sich damit an den Korallen langzieht! Im Notfall sind sie aber ein hilfreicher Schutz und entgegen ökologischer Bedenken durchaus akzeptabel.
– Keine Tiere festhalten, anfassen oder intensiv anleuchten!
– Keine Fische füttern! Und natürlich auch keine Muscheln, Seeigel oder ähnliches töten, um damit Fische zu füttern!
– Jegliches Sammeln oder Kaufen von „Souvenirs" wie Schneckenhäusern, Muscheln oder Korallenstücken muß unterbleiben!
– Keinen Müll wie Plastikflaschen, Batterien usw. ins Meer werfen!

Ari-Atoll und Rasdhoo-Atoll Touristeninseln

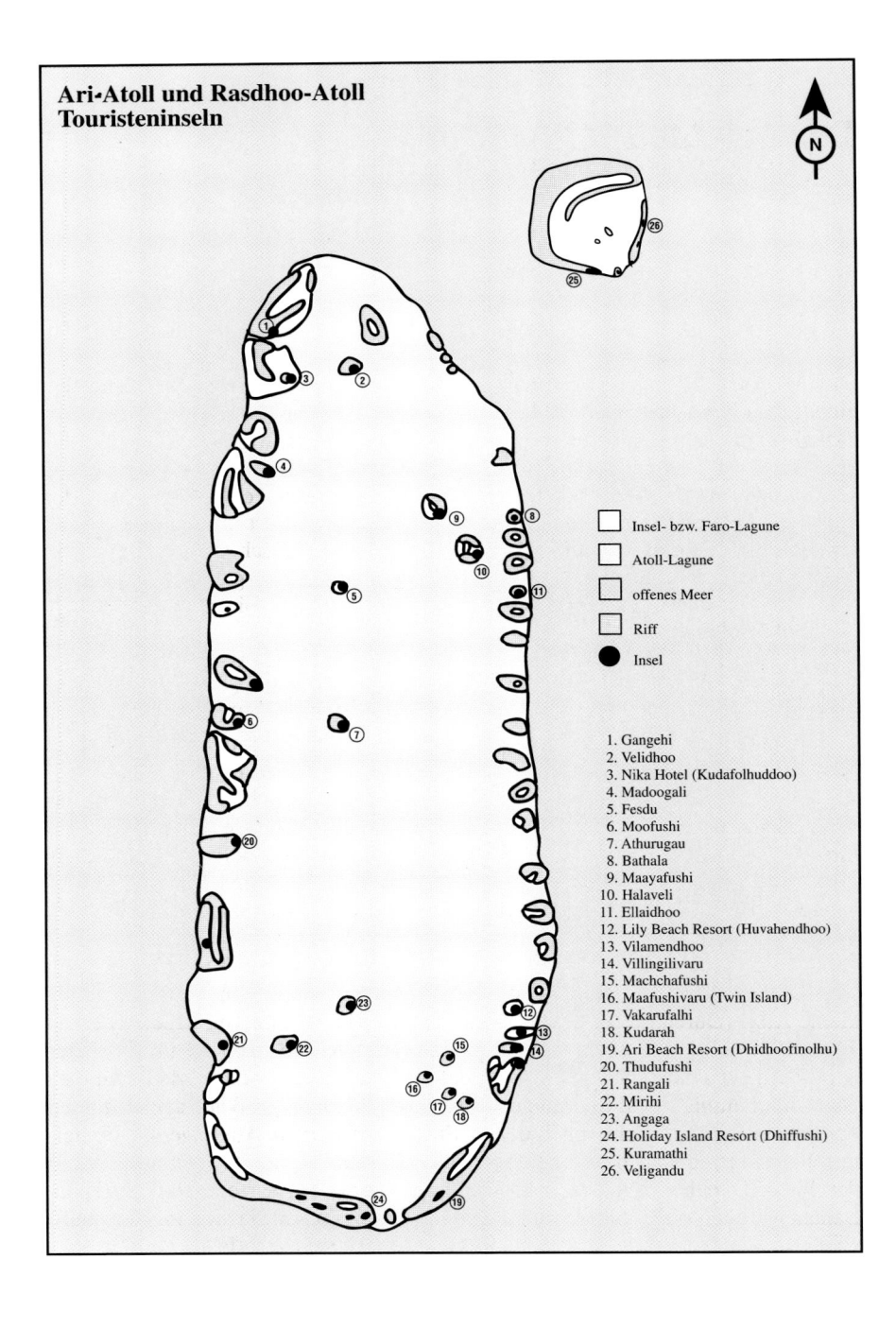

- Insel- bzw. Faro-Lagune
- Atoll-Lagune
- offenes Meer
- Riff
- Insel

1. Gangehi
2. Velidhoo
3. Nika Hotel (Kudafolhuddoo)
4. Madoogali
5. Fesdu
6. Moofushi
7. Athurugau
8. Bathala
9. Maayafushi
10. Halaveli
11. Ellaidhoo
12. Lily Beach Resort (Huvahendhoo)
13. Vilamendhoo
14. Villingilivaru
15. Machchafushi
16. Maafushivaru (Twin Island)
17. Vakarufalhi
18. Kudarah
19. Ari Beach Resort (Dhidhoofinolhu)
20. Thudufushi
21. Rangali
22. Mirihi
23. Angaga
24. Holiday Island Resort (Dhiffushi)
25. Kuramathi
26. Veligandu

Das Ari-Atoll (Alifu-Atoll) und das Rasdhoo-Atoll

Das Ari-Atoll besteht aus einer sich über 80 km erstreckenden Inselkette mit einem Durchmesser von ca. 30 km. Es gibt etwa 61 unbewohnte Inseln, die zum Teil als Müllinseln verwendet werden, 18 bewohnte Inseln und 24 Touristeninseln. Das Ari-Atoll liegt ca. 64 km westlich von Male entfernt. Die Touristeninseln werden auch hier entweder mit dem einfachen Motordhoni, von Speedbooten oder Wasserflugzeugen (Air-Taxis) erreicht. Je nachdem variiert die Anreisezeit zur Urlaubsinsel. Es gibt auch die Möglichkeit, mit dem Hubschrauber auf eine der Urlaubsinsel nahe gelegenen Insel (mit Helikopterlandeplatz) gebracht zu werden. Von dort aus dauert es meistens nicht mehr sehr lange, bis man endlich auf „seiner" Insel angelangt ist.
Der Norden des Ari-Atolls, vor allem aber das südliche Ari-Atoll, sind vom Tourismus erschlossen, wohingegen das mittlere Ari-Atoll weniger Touristeninseln aufweist. Ganz im Norden liegen Gangehi, Velidhoo und die Nobelinsel Nika. Es schließen sich Madoogali im Westen, Bathala und Ellaidhoo im Osten sowie Maayafushi, Halaveli und Fesdu mehr im Inneren des Atolls an. Im südlichen Ari-Atoll konzentrieren sich die Touristeninseln auf den östlichen Bereich, da hier viele beeindruckende Riffe betaucht werden können. Die Inseln, auf denen Sie ihren Urlaub verbringen können, sind Lily Beach, Vilamendhoo, Ranveli (Villingilivaru), Vakarufalhi, Kudarah, Ari Beach, Holiday Island. Im Inneren des südlichen Ari-Atolls liegen Angaga, Mirihi, Machchafushi und Maafushivaru. Auf der Westseite befinden sich Moofushi, Thudufushi, Athurugau und Rangali. Das Ari-Atoll weist eine Fülle von faszinierenden und wunderschönen Tauchplätzen auf.
Das Rasdhoo-Atoll liegt nordöstlich des Ari-Atolls etwa 7,5 km entfernt. Dieses kleine Atoll (Durchmesser etwa 9,5 km) besitzt vier Inseln, von denen zwei als Touristen-Resorts ausgebaut sind (Kuramathi und Veligandu). Hier im Rasdhoo-Atoll befindet sich auch der bekannte Hammerhai-Platz, Rasdhoo Madivaru.
Das Unterhaltungs- und Sportangebot ist unterschiedlich groß auf den einzelnen Touristeninseln. Es reicht von Tauchen, Surfen und Segeln, Ausflügen zu Einheimischeninseln oder bis hin zum Fitneßcenter, Swimmingpool oder Tennisplatz auf der Insel. Daneben wird auch Parasailing, Wasserski, Kneeboard, Fun-Tube, Bananen-Reiten oder Kanufahren angeboten. Erkundigen Sie sich im Reisebüro über das Angebot auf der Insel, auf der Sie Ihren Urlaub verbringen wollen.

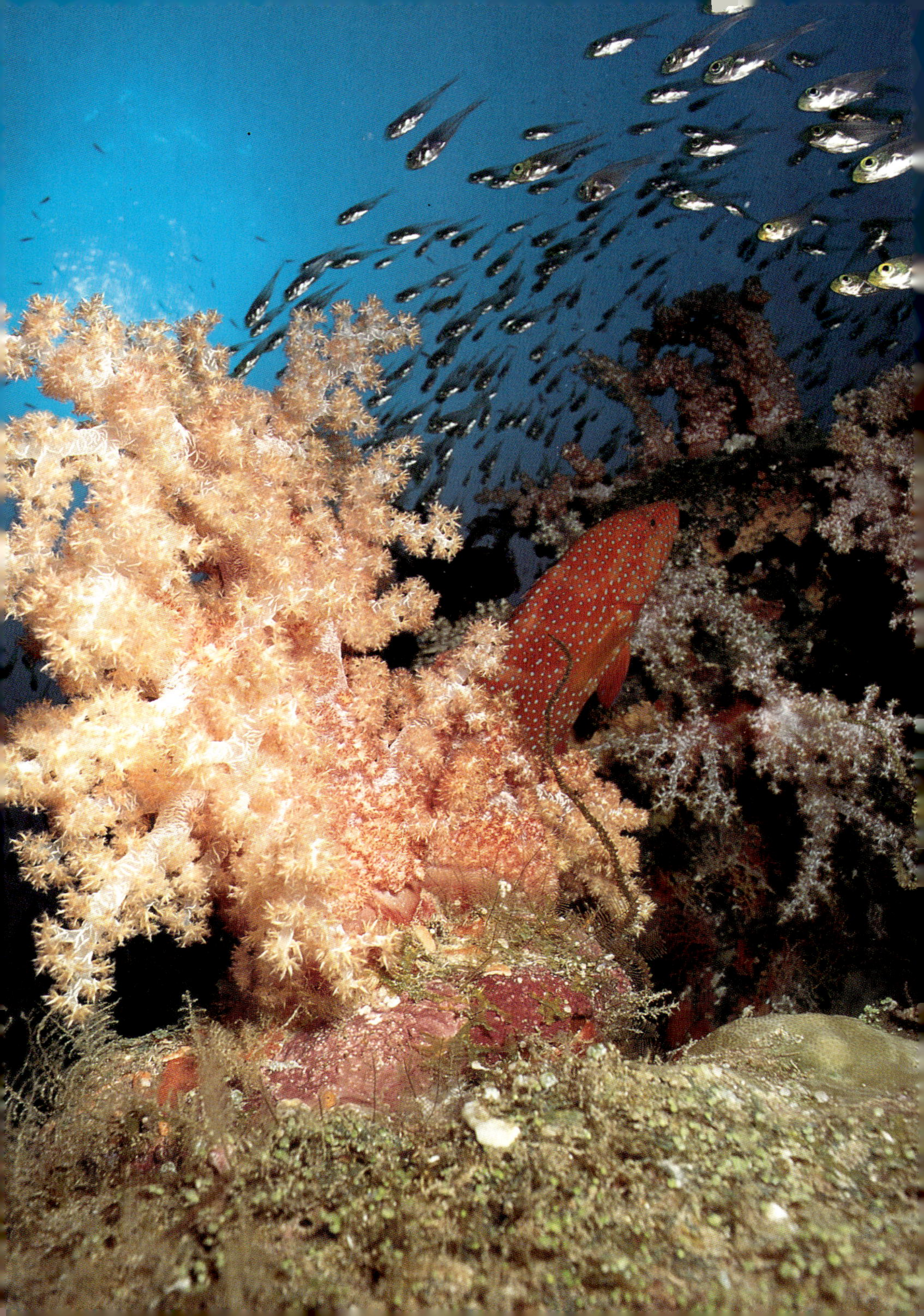

Touristeninseln im Norden des Ari-Atolls

1. Gangehi
Dieses Touristenresort befindet sich im nordwestlichen Teil des Ari-Atolls am Außenriff. In Sichtweite liegen die Resorts Nika und Velidhoo. Die Insel ist mit Büschen und Kokospalmen bewachsen. Von den insgesamt 25 Bungalows, die mit Deckenventilator und Klimaanlage ausgestattet sind, wurden acht auf Stelzen in die Lagune hinaus gebaut. Der weiße Sandstrand und die flache Lagune laden zum Baden und Surfen ein.
Tel.: 450505 Resort, 313938 Male; Fax: 450506 Resort, 313939 Male

2. Velidhoo
Velidhoo (auch Avi Island Resort) befindet sich im Inneren des Atolls in der Nähe einiger Fischerinseln und der Touristenresorts Nika und Gangehi. Die etwa 230 Meter lange und 150 Meter breite Insel ist reich mit tropischen Pflanzen, Scaevola-Büschen und Palmen bewachsen. Eine große Lagune bietet sehr gute Möglichkeiten zum Surfen oder Segeln. Die Tauchschule steht unter deutscher Leitung. Das Hausriff liegt zwischen 50 und 250 Meter vom Strand entfernt. Beide Außenriffe (West- und Ostseite des Atolls) sind in weniger als einer Stunde erreichbar. Zahlreiche Tilas in der unmittelbaren Umgebung von Velidhoo bieten viele interessante Tauchplätze. Einmalige Plätze, wie z. B. Malhos Tila mit seinem faszinierenden Weichkorallenbewuchs, Ukulhas Tila – bekannt als Manta-Platz oder Rasdhoo Madivaru (Rasdhoo-Atoll), wo man Hammerhaie antreffen kann, werden von Velidhoo aus angefahren.
Tel.: 450595 Resort, 322180 Male; Fax: 450595 Resort, 325982 Male

3. Nika Hotel (Kudafolhuddoo)
Dieses Resort gehört zu den komfortabel eingerichteten, exklusiven Hotelinseln. Sie liegt weit im Nordwesten des Ari-Atolls nahe der Einheimischeninsel Bodufolhudu unweit vom Außenriff entfernt. Die Insel ist ca. 220 Meter lang und ca. 180 Meter breit. Ein großer Banyanbaum prägt das Bild der Insel. Es ist ein schattenspendender Laubbaum, der ungeheuer große Ausmaße annehmen kann und sich hier hoch und mächtig über den Bungalows ausbreitet. Die 24 Einzelbungalows sind alle mit Deckenventilatoren, Minibar, Telefon und Badezimmer (Süßwasser warm und kalt) ausgestattet. Die Tauchbasis steht unter italienischer Leitung und bildet nach den Richtlinien von PADI und NAUI aus. Das Hausriff ist etwa 20–100 Meter von der Insel entfernt.
Tel.: 450516 Resort, 325087 Male; Fax: 450577 Resort, 325097 Male

Jäger und Gejagte: Ein Juwelen-Zackenbarsch (Cephalopholis miniata) lauert einem Glasfischschwarm (Parapriacanthus sp.) auf.

ARI-ATOLL (NORD)

4. Madoogali
Madoogali liegt im Nordwesten des Ari-Atolls in Außenriffnähe. Die Insel ist etwa 500 Meter lang und 300 Meter breit und gehört somit zu den mittelgroßen Touristeninseln. 50 Einzelbungalows, alle komfortabel eingerichtet und mit Klimaanlage und Deckenventilator ausgestattet, befinden sich inmitten einer für die Tropen typischen üppigen Vegetation. Die Tauchbasis steht unter Schweizer Leitung. Das Hausriff ist leicht zugänglich und eignet sich sowohl zum Tauchen als auch zum Schnorcheln.
Tel.: 450581 Resort, 317984 Male; Fax: 450554 Resort, 317974 Male

5. Fesdu
Fesdu befindet sich im nördlichen Ari-Atoll in der Atollmitte etwa 70 km vom Flughafen entfernt. Die Insel ist nicht sehr groß (ca. 200 Meter im Durchmesser) und verfügt über 50 Bungalows, die im Schatten des dichten Pflanzenbewuchses gebaut sind. Die weite Lagune ist ideal zum Surfen und Schwimmen geeignet. Für Taucher und Schnorchler hat das intakte Hausriff, das im östlichen Teil der Insel bis auf ca. 50 Meter herankommt, einiges zu bieten. Viele interessante Tauchplätze können von Fesdu aus angefahren werden, wie z. B. das bekannte und bereits sehr schön bewachsene Fesdu-Wrack. Die unter deutscher Leitung stehende Tauchbasis organisiert aber auch Fahrten zu weiter entfernten Plätzen wie beispielsweise zum berühmten „Fish Head".
Tel.: 450541 Resort, 322971 Male; Fax: 450547 Resort, 322678 Male

6. Moofushi
Diese Komfortinsel liegt an der Westseite des Ari-Atolls, in Nord-Südrichtung etwa in der Mitte des Atolls. Die kleine Insel (350 Meter lang und 100 Meter breit) ist mit üppigen Büschen und Kokospalmen bewachsen. Eine kleine Bucht mit weißem Sandstrand ist ein besonderes Merkmal dieser Insel. Von den 60 Bungalows sind 15 auf Pfählen in die Lagune hinausgebaut. Die Einzelbungalows sind alle mit Terrasse, Deckenventilator, Klimaanlage, kleinem Kühlschrank, Telefon und Dusche mit Süßwasser ausgestattet. Es wurde bei allen Gebäuden darauf geachtet, daß der maledivische Stil erhalten bleibt. Auf der Insel gibt es eine PADI-Tauchschule (deutschsprachiger Tauchlehrer). Das Hausriff ist zum Schnorcheln und Tauchen geeignet.
Tel.: 450517 Resort, 326648 Male; Fax: 450509 Resort, 326648 Male

7. Athurugau
Auch diese Insel liegt im Westen des Ari-Atolls und wurde erst 1990 als Touristeninsel ausgebaut. Der Komfort auf der Insel ist überdurchschnittlich, die Bungalows (insgesamt 42) sind sehr geräumig und geschmackvoll mit Rattanmöbeln eingerichtet. Alle Zimmer verfügen über Klimaanlage, Warmwasserdusche

Ein Weißpunkt-Spitzkopfschleimfisch (Helcogramma striata) neben einem Bunten Spiralröhrenwurm (Spirobranchus giganteus).

(Süßwasser), WC, Deckenventilator, Telefon, Musikanlage und Minibar. Athurugau steht unter italienischer Leitung. Die Tauchschule steht unter deutscher Leitung und bildet nach PADI und SSI aus (Hausriff vorhanden).
Tel.: 450508 Resort, 324435 Male; Fax: 450574 Resort, 324435 Male

8. Bathala
Die Insel Bathala liegt am nordöstlichen Außenriff des Ari-Atolls. Sie ist nur etwa 300 mal 150 Meter groß und besteht seit 1983. Die Einzelbungalows sind je nach Zimmerkategorie mit Deckenventilator, Süßwasser, WC, Dusche und Terrasse oder zusätzlich mit Klimaanlage oder mit Klimaanlage und Kühlschrank ausgestattet. Die Tauchschule steht unter deutscher Leitung. Die Insel wird von einem ovalen Hausriff umgeben, und Tauchausfahrten finden zu bekannten Plätzen wie z. B. Fish Head statt.
Tel.: 450587 Resort, 323323 Male; Fax: 450558 Resort, 324628 Male

9. Maayafushi
Dieses Resort ist eine seit vielen Jahren beliebte und bekannte Insel im Nordosten des Ari-Atolls unweit von Halaveli und Bathala entfernt. Sie liegt nicht direkt am Außenriff, ist aber nicht weit davon entfernt. Die Insel ist mit Palmen bewachsen und etwa 450 Meter lang und 120 Meter breit. Die 60 Bungalows verfügen über

Halaveli liegt im nordöstlichen Teil des Ari-Atolls.

Dusche/WC, Deckenventilator, Telefon und Terrasse. Eine weite Lagune ist der ideale Platz für Surfer und Segler (Surfschule vor Ort). Die ansässige Tauchbasis steht unter deutscher Leitung und bildet nach PADI und NAUI aus. Das angrenzende Hausriff bietet Tauchern und Schnorchlern eine bunte Vielfalt. In unmittelbarer Nähe liegt Maayafushi Tila, das als Haiplatz bekannt ist. Es werden aber auch weiter entfernte Tauchplätze im nördlichen Ari-Atoll, wie z. B. Fish Head, angefahren.
Tel.: 450588 Resort, 320097 Male; Fax: 450568 Resort, 326658 Male

10. Halaveli
Diese Insel liegt im nordöstlichen Teil des Ari-Atolls ganz in der Nähe von Ellaidhoo, Bathala und Maayafushi. Halaveli hat den für die Tropen typischen Pflanzenbewuchs, ist ca. 500 mal 250 Meter groß und hat 50 Bungalows, die einzeln in Strandnähe stehen. Es gibt eine schöne Lagune zum Schwimmen und Surfen, und das Hausriff zieht Taucher und Schnorchler an. Die Tauchbasis steht unter italienischer Leitung. Es werden ähnliche Tauchplätze angefahren wie von den benachbarten Taucherinseln.
Tel.: 450559 Resort, 322719 Male; Fax: 450564 Resort, 323463 Male

Ellaidhoo liegt direkt am Außenriff und verfügt über eines der schönsten Hausriffe.

11. Ellaidhoo

Die Insel Ellaidhoo liegt direkt am Außenriff auf der Ostseite des Ari-Atolls. Die Einzelbungalows befinden sich in Strandnähe und sind von üppigem Pflanzenbewuchs umgeben. Die Zimmer sind sehr gepflegt und geräumig und verfügen über einen Deckenventilator. Ellaidhoo ist besonders unter Tauchern eine überaus beliebte Insel. Jeden Tag werden mehrere Tauchplätze am Vormittag und am Nachmittag angefahren. Besonders zu betonen ist, daß Ellaidhoo über eines der schönsten Hausriffe im Ari-Atoll verfügt. Unweit der Tauchbasis gibt es mit Bojen markierte Ein- bzw. Ausstiege, und auch unter Wasser sind diese Stellen entsprechend gekennzeichnet. Bei geeigneter Strömung kann man rund um Ellaidhoo herum das Riff betauchen, und auch Nachttauchgänge sind sehr empfehlenswert. Ein besonderes Angebot der Insel sind meeresbiologische Seminare zu Themen wie „Ökologie der Korallenriffe", „Giftige Meerestiere" und vieles mehr.
Tel.: 450514 Resort, 323524 Male; Fax: 450586 Resort, 322516 Male

ARI-ATOLL (SÜDOST)

Touristeninseln im Südosten des Ari-Atolls

12. Lily Beach Resort (Huvahendhoo)
Huvahendhoo liegt im südöstlichen Teil des Ari-Atolls. Die Insel ist ca. 550 Meter lang und 100 Meter breit und dicht mit Büschen und Palmen bewachsen. Erst 1994 wurde dieses Resort eröffnet. Es verfügt über 84 Bungalows, von denen einige ins Meer gebaut sind (sogenannte Wasserbungalows). Eine weitläufige und flache Lagune an der Südseite der Insel lädt zum Schwimmen ein. Das Hausriff, das während der Bebauung unberührt blieb, liegt direkt an der Insel, fällt steil ab und bietet Tauchern und Schnorchlern unvergeßliche Erlebnisse in der faszinierenden Unterwasserwelt.
Tel.: 450013 Resort, 317464 Male; Fax: 450646 Resort, 317466 Male

13. Vilamendhoo
Diese etwa 900 mal 250 Meter große Insel liegt am östlichen Außenriff des südlichen Ari-Atolls. Sie wurde erst 1994 eröffnet. Beim Bau wurde sehr viel Wert auf den Erhalt des natürlichen Charakters der Insel gelegt. Die 100 Bungalows sind entweder einzeln oder paarweise gebaut und je nach Kategorie mit Deckenventilator oder Klimaanlage ausgestattet. Die Zimmer verfügen über Minibar, Terrasse und Badezimmer mit Süßwasser (warm und kalt). Die Tauchbasis steht unter deutscher Leitung. Das fischreiche Hausriff bietet sowohl Tauchern als auch Schnorchlern einmalige Erlebnisse.
Tel.: 450637 Resort, 322417 Male; Fax: 450639 Resort, 324943 Male

14. Villingilivaru
Villingilivaru (auch Ranveli Beach Resort) wurde 1991 eröffnet. Diese Insel liegt am Außenriff im südöstlichen Teil des Ari-Atolls nahe den Resorts Vilamendhoo und Machchafushi. Viele Tauchgründe befinden sich in unmittelbarer Nähe, so daß keine langen Anfahrtszeiten nötig sind.
Tel.: 450570 Resort, 313938 Male; Fax: 450523 Resort, 313939 Male

15. Machchafushi
Die 1993 wiedereröffnete Insel im südöstlichen Ari-Atoll ist die Nachbarinsel von Villingilivaru. Die Insel wird mit dem Hubschrauber angeflogen (ca. 30 Minuten Flugdauer von Hulule). Der Hubschrauber-Landeplatz ist nicht weit von Machchafushi entfernt, und in ca. 10 Minuten erreicht man mit dem Dhoni die Insel. Der Pflanzenbewuchs der Insel ist üppig, und ein sehr schöner weißer Sandstrand umgibt die Insel. Auf Machchafushi gibt es 54 Reihenbungalows, die alle geräumig und für maledivische Verhältnisse großzügig eingerichtet sind. Sie sind

Machchafushi liegt im südöstlichen Ari-Atoll.

mit Deckenventilator, Klimaanlage, Minibar, Haustelefon und Badezimmer (Süßwasserdusche/Badewanne) ausgestattet. Die Tauchbasis steht unter deutschsprachiger Leitung. Viele interessante und sehr schöne Tauchplätze, wie z. B. das bekannte Kuda Rah Tila, das durch seinen wunderschönen, intakten Weichkorallenbewuchs beeindruckt, oder Thinfushi Tila und Broken Rock werden angefahren.
Tel.: 450615 Resort, 327849 Male; Fax: 450518 Resort, 327277 Male

16. Maafushivaru (Twin Island)
Maafushivaru ist etwa 350 Meter lang und 200 Meter breit und wurde 1991 eröffnet. Eine kleine Nachbarinsel dient als Hubschrauberlandeplatz für diesen Teil des Atolls. Die 40 Bungalows auf Maafushivaru sind mit weithin sichtbaren blauen Ziegeln bedeckt und mit Deckenventilator und Klimaanlage ausgestattet. 10 Bungalows sind in die Lagune gebaut, die die Insel umgibt. Für tauchende Feriengäste bietet das Hausriff einiges, und eine Fahrt zum östlichen Außenriff dauert etwa eine halbe Stunde. Im Kanal zwischen Dhigurah und Dhagethi liegen zahlreiche Tilas, die sehr schön bewachsen sind.
Tel.: 450596 Resort, 322971 Male; Fax: 450524 Resort, 322678 Male

ARI-ATOLL (SÜDOST)

17. Vakarufalhi

Vakarufalhi (rund 400 Meter lang und 300 Meter breit) ist von einem weißen Sandstand umgeben und mit Palmen und Büschen bewachsen. Erst Ende 1994 wurde die Insel eröffnet und gehört zur gehobenen Mittelklasse. Die 50 Bungalows liegen direkt am Strand und sind mit Klimaanlage, Minibar, Bad (Süßwasser warm und kalt) und Terrasse mit Blick aufs Meer ausgestattet. Die Tauchschule steht unter deutscher Leitung. Das intakte Hausriff befindet sich nur wenige Meter vom Strand entfernt und ist über Stege zu erreichen. Die Entfernung zum Außenriff beträgt etwa 20 Minuten. In unmittelbarer Nähe von Vakarufahli befinden sich so schöne Tauchplätze, wie z. B. Kuda Rah Tila, Broken Rock oder Thinfushi Tila.
Tel.: 450004 Resort, 321751 Male; Fax: 450007 Resort, 314150 Male

18. Kudarah

Dieses Resort liegt weit im Süden des Ari-Atolls. Die 30 Bungalows stehen im Schatten der Palmen und sind voll klimatisiert sowie mit Ziegeldächern bedeckt. Eine flache Lagune ist zum Schwimmen und Surfen geeignet. Das Hausriff, das zum Teil steil abfällt, bietet Schnorchlern und Tauchern viele interessante Eindrücke von dem faszinierenden Leben unter Wasser. Die Tauchbasis steht unter italienischer Leitung. Besonders schöne Tauchplätze befinden sich am Ostrand des Atolls im Kanal zwischen den Inseln Dhagethi und Dhigurah unweit von Kudarah entfernt.
Tel.: 450549 Resort, 313938 Male; Fax: 450550 Resort, 313939 Male

19. Ari Beach Resort (Dhidhoofinolhu)

Auch Dhidhoofinolhu liegt weit im Süden des Ari-Atolls auf seiner Ostseite. Die Transferzeit variiert, je nachdem ob man mit dem Speedboot, dem Helikopter oder dem Wasserflugzeug dorthin gebracht wird, zwischen 3 Stunden und ca. 30 Minuten. Die Insel ist relativ groß, langgestreckt und üppig mit Tropenpflanzen bewachsen. Die große Lagune eignet sich hervorragend zum Surfen, Wasserskifahren oder Segeln. Die Bungalows sind alle mit Klimaanlage, Süßwasserdusche und WC ausgestattet. Die Superior-Zimmer sind im Gegensatz zu den Standardzimmern noch besser eingerichtet und verfügen über eine Minibar und eine kleine Sitzecke.
Die Tauchschule bildet nach den Richtlinien von PADI aus. Ein Hausriff gibt es eigentlich nur nördlich des Resorts in Richtung des Atollinneren. Die direkte Lage am Außenriff bietet den Tauchern eine einmalige und vielfältige Unterwasserwelt.
Tel.: 450513 Resort, 321930 Male; Fax: 450512 Resort, 327355 Male

Sonnenuntergang auf den Malediven.

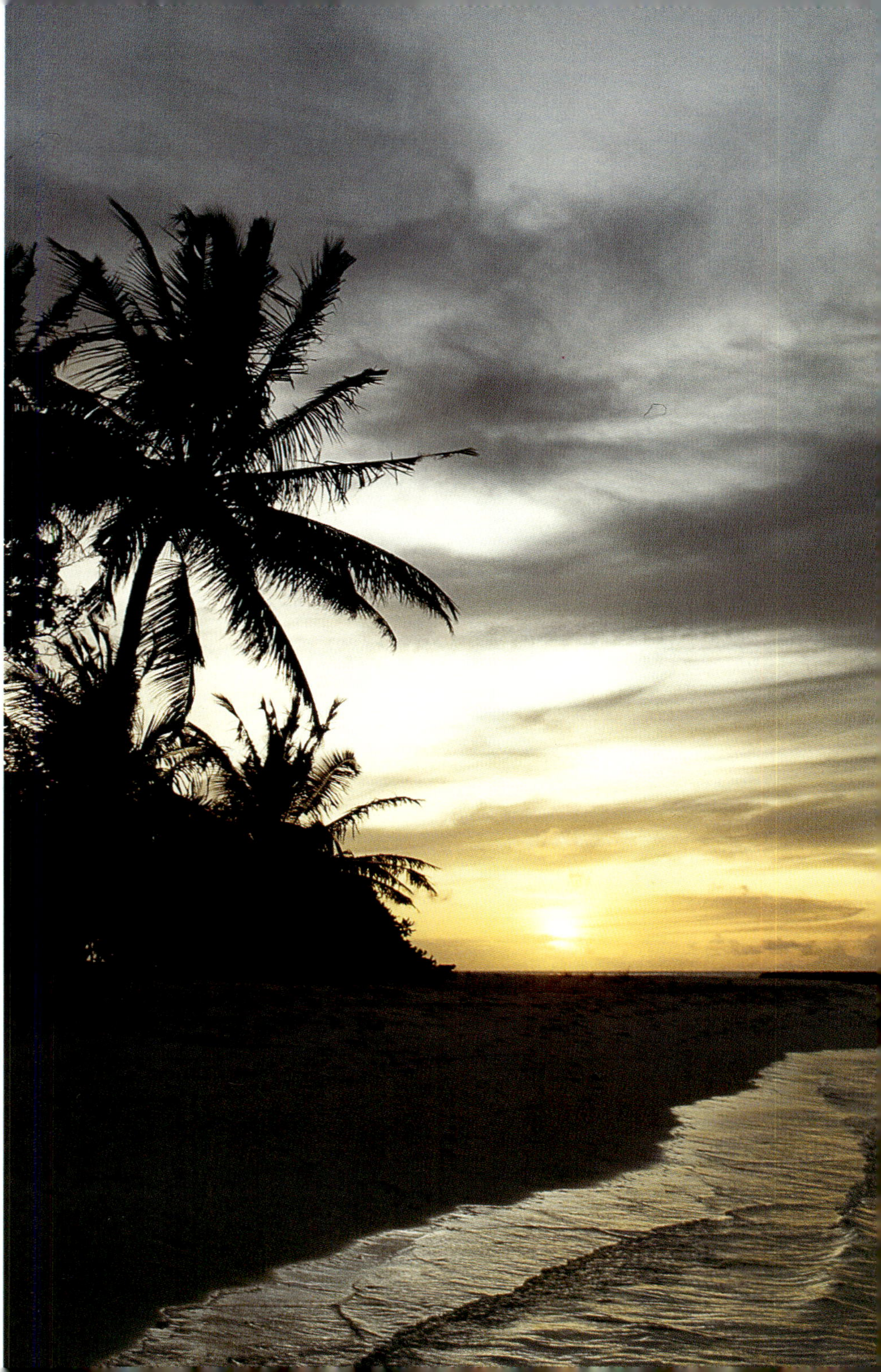

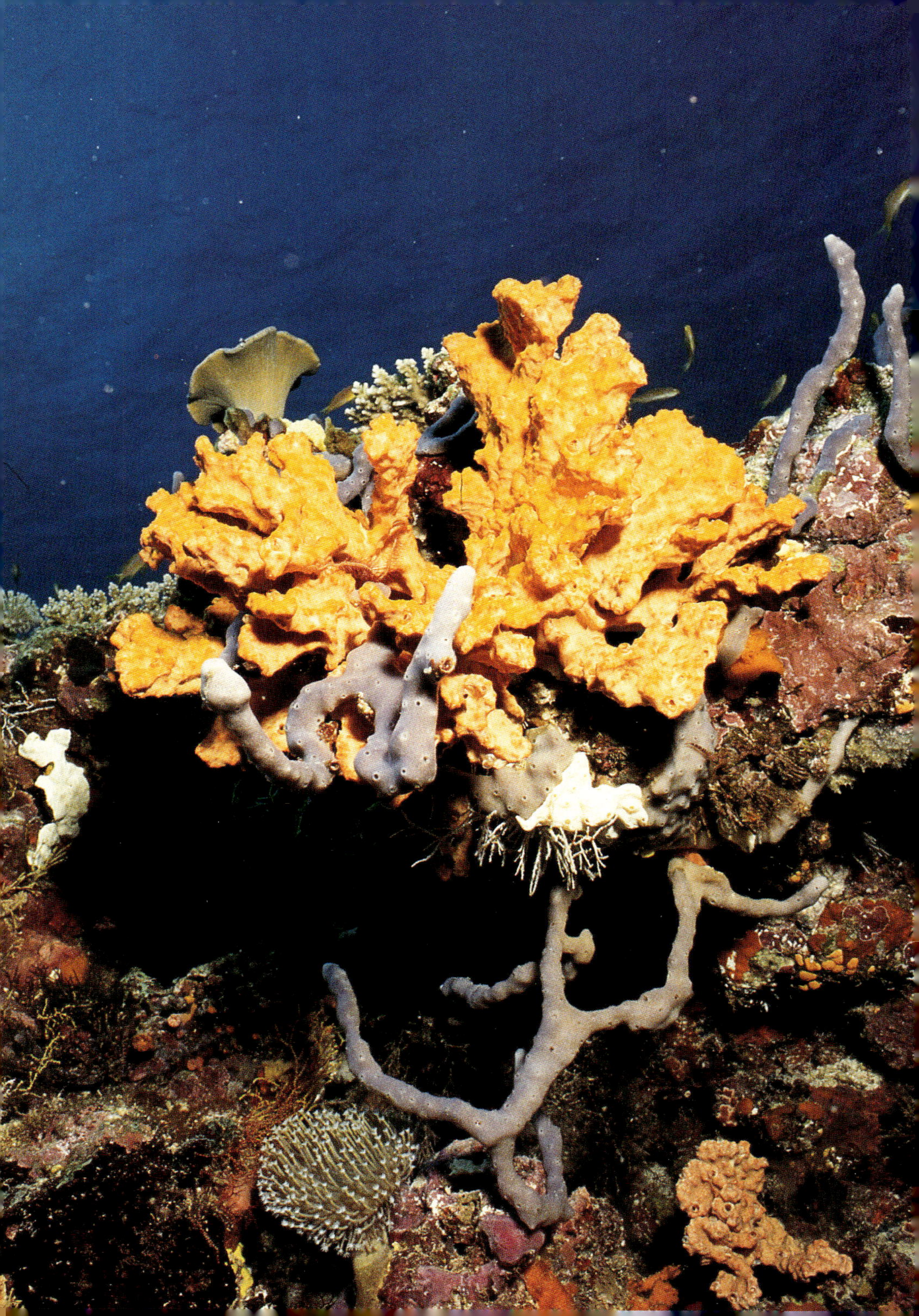

Touristeninseln im Südwesten des Ari-Atolls

20. Thudufushi
Dieses Resort liegt auf der Westseite des Ari-Atolls und ist erst Ende 1990 eröffnet worden. In Sichtweite liegen die Touristeninseln Fesdu, Athurugau und Moofushi. Das Bild der Insel wird von vielen hohen Palmen geprägt. Eine weite Lagune erstreckt sich rund um die Insel, und ein langer, hölzerner Steg verbindet die Hotelgebäude mit dem Hausriff. Die Insel verfügt über 42 Bungalows.
Tel.: 450597 Resort, 324435 Male; Fax: 450515 Resort, 324435 Male

21. Rangali
Rangali liegt an der Außenseite des südwestlichen Ari-Atolls. Die Insel ist 650 Meter lang und 300 Meter breit und wurde 1993 neu bebaut. Die Entfernung zum Flughafen beträgt etwa 35 Minuten per Helikopter, der auf einer benachbarten kleinen Insel seinen Landeplatz hat. Von dort wird man in wenigen Minuten mit dem Dhoni nach Rangali gebracht. Die 100 Bungalows stehen direkt am Strand und sind mit Deckenventilator, Klimaanlage, Minibar und Badezimmer

Linke Seite:
Schwämme gibt es auf den Malediven in zahllosen Farben und Formen.
Unten: Rangali im Südwesten des Ari-Atolls wurde 1993 neu bebaut.

Im planktonreichen Wasser filtrieren Mantas (Manta birostris), hier in Begleitung von mehreren Schiffshaltern, mit weit geöffnetem Maul ihre Nahrung heraus.

(Süßwasser warm und kalt) ausgestattet. Ein großer Swimmingpool liegt zwischen dem Haupthaus und dem Meer. Der Pflanzenbewuchs auf der Insel ist im Gegensatz zu anderen Inseln nicht so üppig, aber es gibt schattenspendende Büsche und Palmen. Die Tauchbasis steht unter deutschsprachiger Leitung. Das Hausriff ist etwa 150 Meter, das Außenriff nur wenige Minuten entfernt. Es werden bekannte Tauchplätze, wie Madivaru (Manta-Platz) im Süden von Rangali, sowie Tauchplätze weiter östlich der Insel angefahren. Von Angaga oder Mirihi aus werden zum Teil die gleichen Plätze betaucht.
Tel.: 450629 Resort, 322432 Male; Fax: 450619 Resort, 324009 Male

22. Mirihi
Dieses Resort befindet sich im südwestlichen Teil des Ari-Atolls zwischen den Touristeninseln Rangali und Angaga. Es ist eine kleine Insel (400 mal 100 Meter) mit wunderschönem weißen Sandstrand, üppigem Pflanzenbewuchs und weiter Lagune. Diese Komfortinsel verfügt über 34 Bungalows, von denen die meisten auf Stelzen in die Lagune hinausgebaut sind. Ein leicht zugängliches Hausriff und hervorragende Tauchplätze in der näheren Umgebung bieten einmalige Urlaubserlebnisse. Die Tauchbasis steht unter deutsch-österreichischer Leitung.
Tel.: 450500 Resort, 325448 Male; Fax: 450501 Resort, 325448 Male

Angaga liegt im Süden des Ari-Atolls.

23. Angaga
Die kleine Insel Angaga liegt im südlichen Ari-Atoll etwa 100 km vom Flughafen entfernt. Der Transfer mit Hubschrauber oder Wasserflugzeug dauert ca. 40 Minuten. Die Insel selbst ist dicht mit Schraubenpalmen und Büschen bewachsen und in wenigen Minuten zu umrunden. Ein wunderschöner weißer Strand umgibt die Insel. Die 50 Bunglows sind alle mit Süßwasserdusche, WC, Klimaanlage und Terrasse ausgestattet. Die Tauchbasis steht unter deutscher Leitung und bildet nach den Richtlinien nach PADI, NAUI und CMAS aus. Durch die eher zentrale Lage im südlichen Ari-Atoll können viele verschiedene Tauchplätze im Westen wie im Osten angefahren werden. Das Hausriff liegt unweit vom Strand entfernt.
Tel.: 450520 Resort, 313636 Male; Fax: 450520 Resort, 323115 Male

24. Holiday Island Resort (Dhiffushi)
Diese Touristeninsel liegt ebenfalls im südlichen Teil des Ari-Atolls und wurde 1995 für den Tourismus geöffnet. Die Insel ist sehr schön mit Palmen bewachsen und von einem weißen Sandstrand umgeben. Sie verfügt über 125 Bungalows, die mit Klimaanlage, Badezimmer (Warmwasser), Musikanlage, Telefon und Minibar ausgestattet sind und auch eine Terrasse haben. Die Tauchschule steht unter deutscher Leitung.
Tel.: 450011 Resort, 324478 Male; Fax: 450022 Resort, 327845 Male

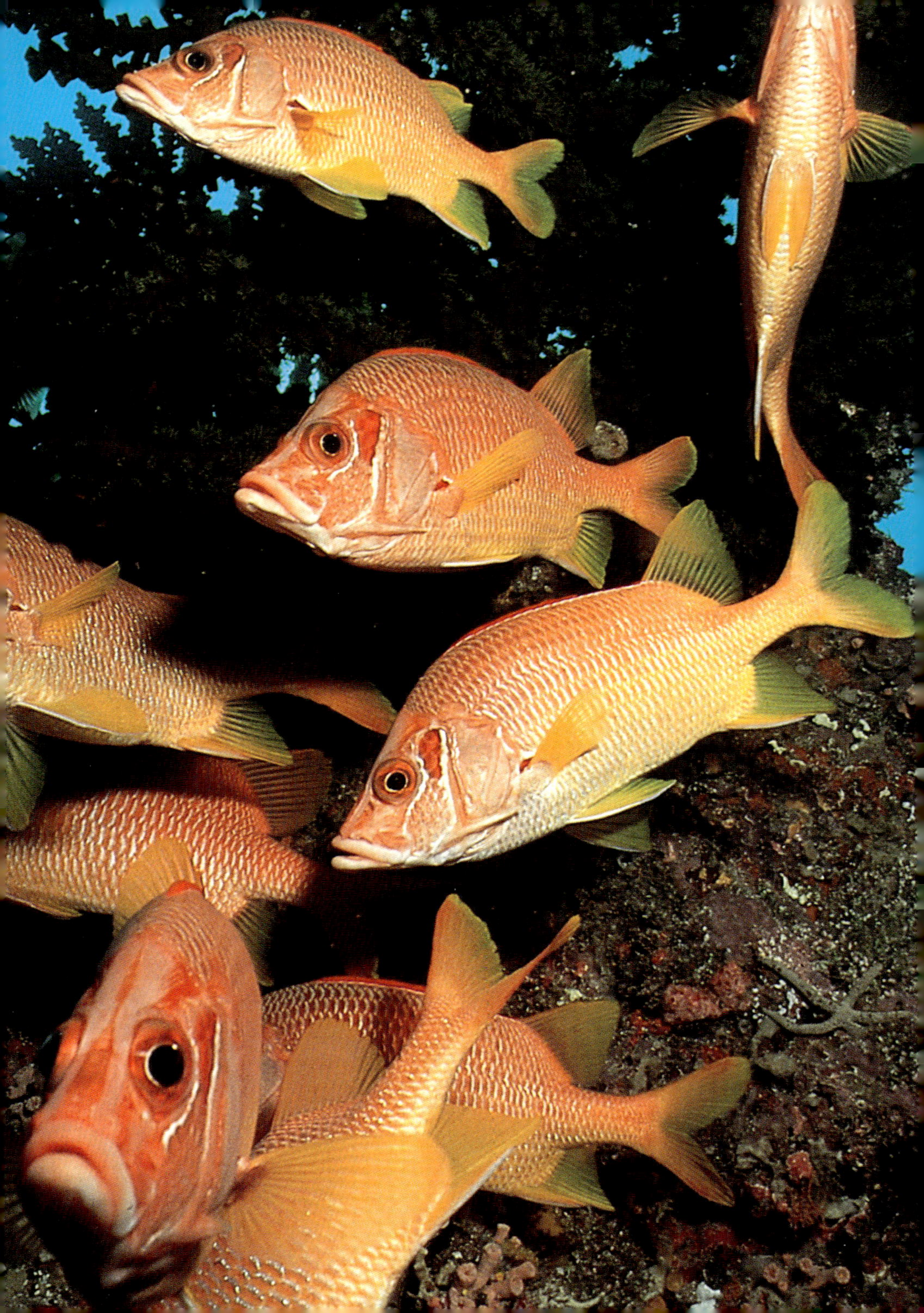

Touristeninseln im Rasdhoo-Atoll

25. Kuramathi
Im Norden des Ari-Atolls befindet sich das Rasdhoo-Atoll mit einer der größten Malediveninseln: Kuramathi ist 2,5 km lang und 500 Meter breit. Die Insel hat eine typisch tropische Vegetation (Palmen, Scaevolabüsche) und ist zum Teil von dichtem Dschungel bewachsen. Auf der Insel befinden sich drei Hotelanlagen: Kuramathi Village, Kuramathi Club und Blue Lagoon. Insgesamt gibt es 202 Bungalows mit unterschiedlicher Ausstattung, Komfort und Preis. Eine herrliche Lagune bietet ideale Voraussetzungen zum Surfen oder Schwimmen. Tauchen und Schnorcheln kann man unweit vom Strand am Hausriff. Das Außenriff ist nur wenige Minuten von der Insel entfernt. Kuramathi ist unter Tauchern vor allem durch einen Platz bekannt, an dem sich regelmäßig Hammerhaie einfinden (Rasdhoo Madivaru). Die Tauchschule steht unter deutscher Leitung.
Tel.: 450540 Resort, 322971 Male; Fax: 450556 Resort, 322678 Male

26. Veligandu
Diese Insel befindet sich ebenfalls im Rasdhoo-Atoll auf der Ostseite. Sie ist kleiner als Kuramathi und mißt etwa 550 Meter in der Länge und 150 Meter in der Breite. Veligandu ist von reichhaltiger tropischer Vegetation und verschiedenen Palmenarten bewachsen. Die 63 Bungalows sind mit Klimaanlage, Minibar, Terrasse, Telefon und halboffenem Badezimmer ausgestattet. Die Tauchschule der Insel steht unter schweizerischer Leitung. Das Hausriff liegt nur etwa 20 Meter entfernt vom Strand, das Außenriff kann man mit dem Dhoni in nur 10 Minuten erreichen. Ein bekannter Tauchplatz im Rasdhoo-Atoll ist Rasdhoo Madivaru (Hammerhai-Platz).
Tel.: 450594 Resort, 322432 Male; Fax: 450519 Resort, 324009 Male

Großdorn-Husare (Sargocentron spiniferum) im Schutz einer großen Braunen Zäpfchenkoralle (Tubastrea micrantha).

Ari-Atoll Norden Tauchplätze

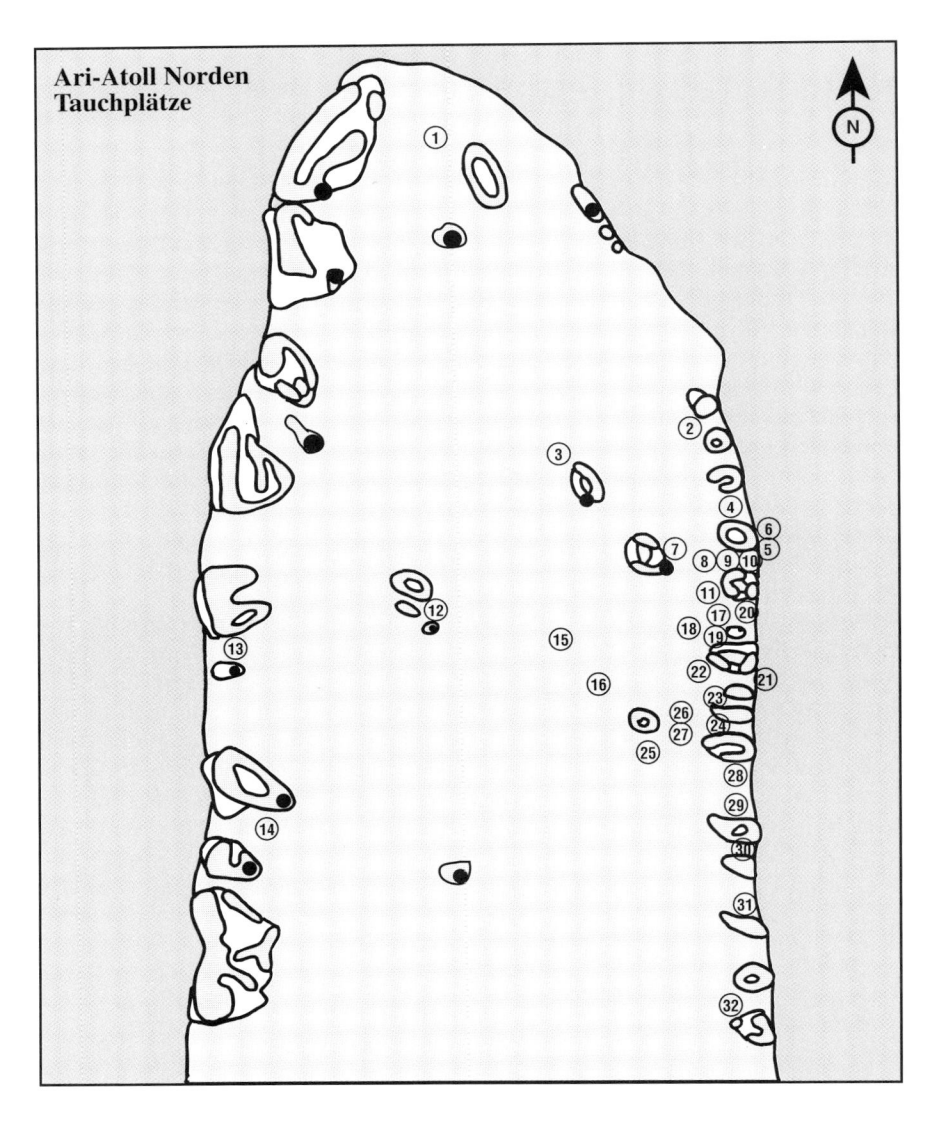

- Insel- bzw. Faro-Lagune
- Atoll-Lagune
- offenes Meer
- Riff
- Insel

1. Ukulhas Tila
2. Beyrumadivaru
3. Maayafushi Tila
4. Bathala Tila
5. Bathala Maaga Faru
6. Maaga Kan Tila
7. Halaveli Wrack
8. Kuda Tila
9. Meddu Tila
10. Bodu Tila
11. Meddu Faru
12. Fesdu Wrack
13. Malhos Tila
14. Himandu Kuda Faru Tila
15. Kandholhudhoo Tila
16. Kandholhudhoo Maha
17. Ellaidhoo Tila
18. Ellaidhoo Giri
19. Ellaidhoo Hausriff
20. Fusfaru Faru
21. Magala Tila
22. Magala Faru
23. Orimas Faru
24. Konaga Faru
25. Mushimasmingili Tila (Fish Head)
26. Fushi Faru Bodu Giri
27. Fushi Faru Kuda Giri
28. Fushi Faru
29. Kubaladhibodu Tila
30. Gameburi Tila
31. Atavaru Tila
32. Kandu Tila

Tauchplätze im Norden des Ari-Atolls

1. Ukulhas Tila
Ukulhas Tila liegt im offenen Wasser und ist daher nicht leicht zu finden. Das Riffdach befindet sich in 18 Meter Tiefe, der Riffabhang reicht bis in 30 Meter Tiefe. Auf dem Riffdach liegen große Korallenblöcke, die viel Interessantes zu bieten haben. Je nach Jahreszeit sind dort Mantas anzutreffen. Ein Tauchplatz, der nicht für Anfänger geeignet ist und auch nicht zu jeder Zeit und bei jedem Wetter angefahren werden kann.

2. Beyrumadivaru
Das Riff liegt in nördlicher Richtung von Ellaidhoo und stellt das Hausriff zweier unbewohnter Inseln (Madivaru) dar. Das Riffdach reicht bis auf etwa 5 Meter an die Wasseroberfläche. Beginnt man den Tauchgang im Westen (das Riff erstreckt sich in Ost-West-Richtung, man taucht auf der Südseite), so fällt der Riffabhang steil bis auf eine Tiefe von 25 Meter ab. Blau- und gelbgefärbte Weichkorallen, Schwarze Korallen und Schwämme wachsen am Riff. Zahlreiche kleine Überhänge sind vorhanden. In 25 Meter Tiefe läuft das Riff flach aus, und man findet hier vereinzelt kleinere und größere Korallenblöcke, an denen sich viel Leben tummelt. Taucht man weiter Richtung Osten, so verläuft der Steilabfall allmählich flacher, die Riffstruktur als solche verändert sich etwas. Terrassenförmig angeordnete Geweihkorallen, Lederkorallen und Braune Zäpfchenkorallen herrschen hier vor. An Besonderheiten kann man Schildkröten, Adlerrochen, manchmal Mobulas und selbstverständlich eine große Anzahl von Schwarmfischen, wie z. B. Neon-Füsiliere, antreffen. Ein sehr interessantes und abwechslungsreiches Riff, das auch für Anfänger geeignet ist.

3. Maayafushi Tila
Das Tila nahe der Insel Maayafushi ist ein kleines Riff, das man bei geeigneter Strömung leicht umrunden kann. Das Riff fällt steil auf 30 Meter Tiefe ab, das Riffdach liegt auf 5–6 Meter. An diesem Platz trifft man meist auf Graue Riffhaie und Weißspitzen-Riffhaie, und es halten sich hier auch immer große Fischschwärme auf. Es ist beeindruckend zu beobachten, wie Stachelmakrelen oder Thunfische Jagd auf die Schwarmfische machen. Das Riff selbst ist nicht besonders abwechslungsreich, allerdings befinden sich auf der Südostseite einige große Korallenblöcke in einer Tiefe von etwa 25 m, die noch sehr schön bewachsen sind. Für Anfänger bedingt geeignet.

TAUCHPLÄTZE IM NORDEN DES ARI-ATOLLS 72

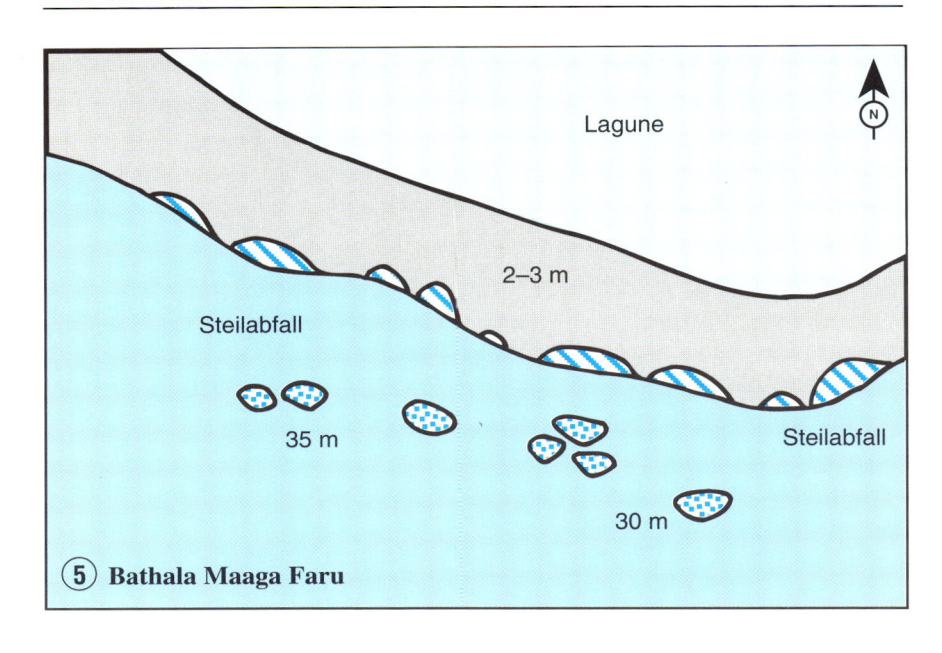

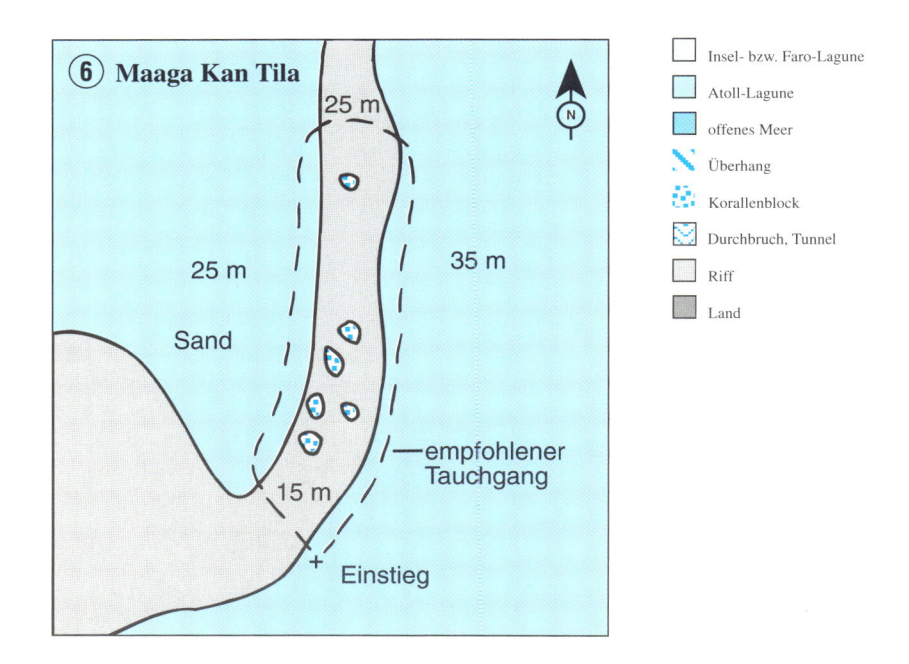

⑤ Bathala Maaga Faru

- Lagune
- 2–3 m
- Steilabfall
- 35 m
- Steilabfall
- 30 m

⑥ Maaga Kan Tila

- 25 m
- 25 m
- 35 m
- Sand
- 15 m
- empfohlener Tauchgang
- Einstieg

Insel- bzw. Faro-Lagune
Atoll-Lagune
offenes Meer
Überhang
Korallenblock
Durchbruch, Tunnel
Riff
Land

4. Bathala Tila

Das Bathala Tila ist ein unterseeisches Riff, das der Insel Bathala vorgelagert ist. Das Riffdach liegt in ca. 8 Meter Tiefe. Der Riffabhang fällt bis auf ca. 25–30 Meter Tiefe ab und weist eine Vielzahl von Höhlen und Überhängen auf. Es finden sich verschiedenste Korallenarten, die zahlreichen Fischen und Wirbellosen Tieren Schutz gewähren, ihnen aber auch Nahrung bieten. Bei schwacher Strömung kann man das Tila rundherum betauchen. Aufgrund der Lage an der Außenseite des Ari-Atolls können bei günstiger Strömung zahlreiche Weißspitzen-Riffhaie und Graue Riffhaie beobachtet werden. Außerdem trifft man hier Giftfische wie Steinfische und Drachenköpfe an. Auf der Nordwest-Seite des Tilas befindet sich eine interessante Putzstation an einem Korallenblock, an der viele Putzergarnelen ihre Arbeit verrichten.

5. Bathala Maaga Faru

Bathala Maaga Faru wird auf der Südseite betaucht. Es ist langgezogen und weist zahlreiche Überhänge und kleine Höhlen auf. Das Riff fällt steil auf 30–35 Meter ab. Große Gorgonien und andere kleinere Hornkorallen- sowie eine Vielzahl von Steinkorallen-Arten prägen das Bild. Man hat hier schon Adlerrochen, Mobulas, Napoleon-Lippfische und Schildkröten gesehen. Ansonsten bietet das Riff eine Vielzahl von kleinen Überraschungen, wie z. B. verschiedene Arten von Nacktschnecken, Strudelwürmern und Seescheiden. Das Riff ist einfach zu betauchen und eignet sich besonders für Strömungstauchgänge.

6. Maaga Kan Tila

Maaga Kan Tila stellt die nordöstliche Verlängerung von Bathala Maaga Faru dar. Das Riffdach beginnt in etwa 12 Meter Tiefe und fällt relativ schnell ab. Der Riffabhang ist steil, reicht bis auf 35 Meter und läuft in Sand aus. Man kann den Tauchgang am Maaga Faru beginnen und auf der Ostseite des Tilas Richtung Norden tauchen. Es empfiehlt sich, nach einiger Zeit auf die Westseite des Tilas zu wechseln, um den Tauchgang im strömungsgeschützten Bereich fortzusetzen. Die Westseite des Tilas fällt flach ab und läuft bereits in 25 Meter Tiefe im Sand aus. Hier findet man kleinere Überhänge mit schönem Korallenbewuchs, viele Arten von Wirbellosen Tieren und natürlich Fische. Aufgrund der Außenrifflage sind hier häufig Weißspitzen-Riffhaie, Graue Riffhaie, Napoleon-Lippfische, Barrakudas und Adlerrochen zu sehen. Auf dem Riffdach dominieren Lederkorallen, auf denen hier und da Haarsterne in der Strömung Plankton filtrieren. Riesige Porenkorallenblöcke mit bunten Spiralröhrenwürmern, Nashorndoktorfische, Feilenfische, Pfauen-Zackenbarsche und viele andere Arten mehr besiedeln das Riff. Wegen der Tauchtiefe und den besonderen Strömungsverhältnissen können hier nur erfahrene Taucher tauchen.

TAUCHPLÄTZE IM NORDEN DES ARI-ATOLLS 74

7. Halaveli Wrack

Das Wrack liegt nördlich der Insel Halaveli und wurde 1991 dort versenkt. Es steht aufrecht in ca. 27 Meter Tiefe im Sand und ist in der Zwischenzeit von Korallen, Schwämmen und Algen besiedelt worden. Die Attraktion hier sind angefütterte Stechrochen, die dem Taucher oftmals schon beim Abtauchen am Seil entgegenkommen. Sie sind sehr zutraulich und lassen sich auch berühren. Dies sollte der naturbewußte Taucher den Tieren zuliebe nicht tun. Doch wenn man der Versuchung nicht widerstehen kann, ist es am besten, die Rochen nur auf der Körperunterseite zu berühren. Stechrochen besitzen zur Verteidigung einen Stachel am Schwanzstil, der äußerst unangenehme Verletzungen verursachen kann. Der Rochen setzt diese Waffe nur zur Verteidigung ein, bzw. wenn er sich bedrängt fühlt. Es ist also sicherer abzuwarten, ob der Rochen auf einen zukommt, als auf ihn zuzuschwimmen und ihn z. B. festhalten zu wollen. Das Füttern sollte man (wenn es überhaupt sein muß) erfahrenen Leuten (Tauchlehrern) überlassen, die die Tiere zum Teil über Jahre hinweg beobachtet haben und ihr Verhalten „kennen". Verletzungen kommen meist nur durch die Unvorsichtigkeit der Taucher zustande und können vermieden werden. Es ist und bleibt aber ein beeindruckendes Schauspiel, wenn die Rochen aus dem scheinbaren Nichts auftauchen und mit den Tauchern spielen, um anschließend wieder dorthin zu verschwinden, wo sie hergekommen sind.

Stechrochen besitzen einen Stachel am Schwanzstiel, Vorsicht ist also angebracht!

Jungtiere und halbwüchsige Tiere des Paletten-Doktorfisches (Paracanthurus hepatus) halten sich meist in der Nähe von verzweigten Korallenstöcken auf.

8. Kuda Tila
Die drei nun folgenden Tilas liegen im Kanal zwischen Meddu Faru und Bathala Maaga Faru im Norden von Ellaidhoo. Bodu Tila ist das größte der drei Riffe, Meddu Tila das mittelgroße und Kuda Tila das kleinste.
Bei Kuda Tila handelt es sich um ein sehr schön bewachsenes Riff, das allerlei zu bieten hat: Adlerrochen, Schildkröten, Steinfische, Drachenköpfe und viele Rotfeuerfische – also aufgepaßt! Bei starker Strömung ist es aber aufgrund seiner geringen Größe zum Betauchen ungeeignet.
Es ist möglich, vom Kuda Tila aus auch noch am Meddu Tila zu tauchen, da beide Riffe nicht weit voneinander entfernt liegen.

9. Meddu Tila
Meddu Tila liegt zwischen Kuda und Bodu Tila. Die Südseite fällt relativ steil ab und weist zahlreiche Höhlen und Überhänge auf. Der Riffabhang reicht bis etwa 30 Meter tief und geht dort in Sand über. Ein Riffausläufer auf der Ostseite reicht bis in 35 Meter Tiefe. Der Riffabhang ist mit Geweihkorallen, Braunen Zäpfchenkorallen und Gorgonien bewachsen. Rotzahn-Drückerfische besiedeln das Riff in großer Zahl, und als kleine Besonderheit sind hier Paletten-Doktorfische zu sehen. Das Riffdach in 5–6 Meter Tiefe ist wunderschön bewachsen, und es lohnt sich, hier eine Weile dem regen Treiben zuzusehen.

TAUCHPLÄTZE IM NORDEN DES ARI-ATOLLS 76

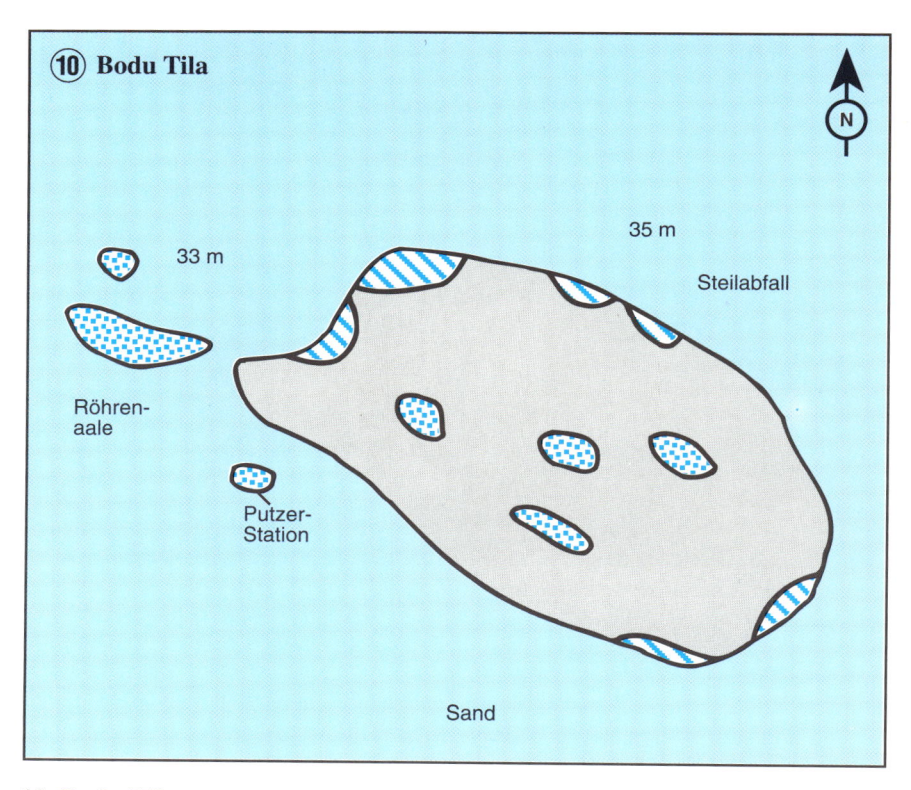

10. Bodu Tila

Bodu Tila kann man je nach Strömung entweder rundherum betauchen oder man beginnt den Tauchgang an der Stelle, an der man sich mit der Strömung am Riff entlang treiben lassen kann. Beginnt man den Tauchgang auf der Nordostseite, so trifft man auf ein steil abfallendes Riff, das mit kleinwüchsigen Geweihkorallen bewachsen ist. Kleine und große Überhänge und Höhlen unterbrechen den ansonsten einheitlichen Riffabhang. Weiter im Westen häufen sich die Abbrüche, und der Steilabfall geht in eine terrassenartige Struktur über. Geweihkorallen, Feuerkorallen, Gorgonien, Braune Zäpfchenkorallen, Schwämme, Anemonen und andere Arten mehr besiedeln nebeneinander das Riff. Stechrochen, Adlerrochen, Weißspitzen-Riffhaie, Süßlippen, Drückerfische und viele weitere Fischarten sind zu beobachten. Taucht man von der Westseite über einen schmalen Grat auf die Südseite, so trifft man auf eine ausgedehnte Sandfläche, die von Röhrenaalen besiedelt wird. In etwa 10 Meter Wassertiefe befindet sich eine Putzerstation an einem Korallenblock, an der die Putzsymbiosen besonders anschaulich zu beob-

FESDU WRACK

(12) Fesdu Wrack

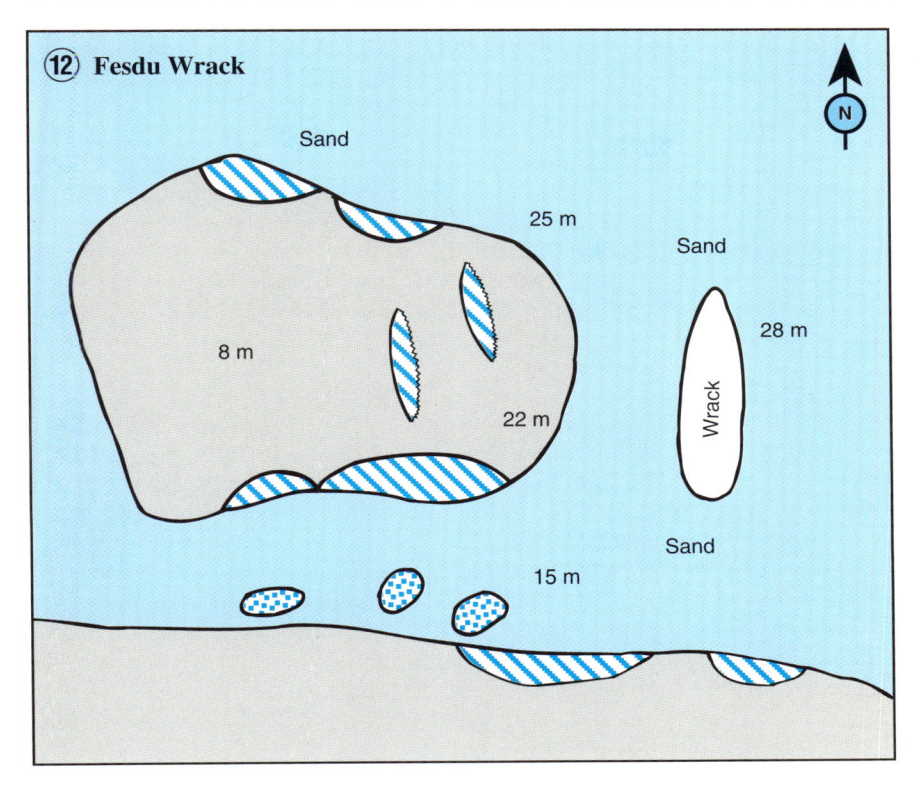

Sand
25 m
Sand
8 m
28 m
22 m
Wrack
Sand
15 m

achten sind. Putzergarnelen und Putzerlippfische verrichten hier gemeinsam ihre Arbeit. Es ist sehr interessant und beeindruckend, den Tieren dabei zuzusehen. Man kann problemlos einen ganzen Tauchgang damit zubringen.

11. Meddu Faru

Dieses langgezogene Riff am Außenrand des Atolls liegt etwa 20 Minuten von Ellaidhoo entfernt in nördlicher Richtung. Es eignet sich besonders für Strömungstauchgänge und ist auch für Tauchanfänger gut geeignet. Am Riffabhang, der auf ca. 30 Meter Tiefe abfällt, findet man Höhlen und Nischen, in denen man Langusten entdecken kann. Getaucht wird auf der Südseite des Farus je nach Strömung von West nach Ost oder umgekehrt.

12. Fesdu Wrack

Das Fesdu Wrack liegt auf der Ostseite eines kleinen Tilas (Villingili Tila), das wiederum dem Villingili Faru vorgelagert ist. Das Wrack liegt in einer Tiefe von

28 Meter (tiefste Stelle), und die Aufbauten reichen bis auf etwa 18 Meter herauf. Bei guter Sicht ist es von oben gut zu erkennen. Das Wrack ist sehr schön mit Weichkorallen, Schwämmen, Hydrozoen und anderen Organismen bewachsen. Es ist nicht sehr groß, und man kann den Tauchgang am Tila, das in unmittelbarer Nähe liegt, fortsetzen. Auch das Tila ist sehr schön bewachsen, und zahlreiche Überhänge unterbrechen den ansonsten eher flach abfallenden Riffabhang. Hat man auch hier genug gesehen oder ist die Strömung stärker, kann man an das unweit entfernte Faru tauchen und sich dort mit der Strömung treiben lassen. Vor allem Lederkorallen besiedeln hier das Riff. Das Riffdach reicht bis zur Oberfläche, und man kann bequem austauchen. Ein sehr schöner Tauchplatz, der allerlei zu bieten hat.

13. Malhos Tila

Malhos Tila ist ein relativ wenig betauchtes Riff, das im Kanal zwischen Malhos und Feridhoo auf der Westseite des Ari-Atolls liegt. Das Riffdach liegt auf 8–15 Meter Tiefe. Getaucht wird auf der Südseite des Tilas. Hier finden sich zahlreiche Überhänge und Höhlen. Auf 30–35 Meter Tiefe liegen Korallenblöcke, die durch ihren Weichkorallenbewuchs faszinieren. Die Korallenvielfalt und der sehr gute Zustand des Korallenbewuchses sind beeindruckend. Besonders schön anzusehen sind die im natürlichen Licht hellblau erscheinenden Weichkorallen, die wie Eiszapfen von den Decken der Überhänge herunterwachsen. Das Riff lohnt die weite Anfahrt, ist allerdings wegen der Tauchtiefe nur erfahrenen Tauchern zu empfehlen und bei Strömung schwierig zu betauchen.

14. Himandu Kuda Faru Tila

Himandu Kuda Faru Tila, das zahlreiche Schneisen, Überhänge und Abbrüche aufweist, kann man rundherum betauchen. Das Riffdach befindet sich in 8–10 Meter Tiefe und ist mit Weichkorallen, Hydrozoen (Seemoos), Steinkorallen und Schwämmen üppig bewachsen. Große Fischschwärme (Füsiliere, Fahnenbarsche, Stachelmakrelen, Fledermausfische) halten sich am Riff auf und machen den Tauchgang zu einem Erlebnis. Am Riffabhang findet man viele Rotfeuerfische und Drachenköpfe, und manchmal kann man auch Steinfische entdecken.

15. Kandholhudhoo Tila

Kandholhudhoo Tila ist ein mittelgroßes Tila, das man bei schwacher Strömung leicht mehrmals umrunden kann. Auf seiner Südseite befinden sich viele Überhänge, und das Riff fällt hier auf etwa 35 Meter Tiefe ab. Insgesamt fällt der Riffabhang mäßig steil ab. Die Nord- und Nordwestseite läuft in etwa 20 Meter Tiefe in Sand aus. Man kann hier viele Skorpionsfische (Steinfische, Drachenköpfe und Rotfeuerfische) sehen. Unter den Überhängen halten sich Ammenhaie auf, und im Sand liegen häufig Weißspitzen-Riffhaie. Vom Korallenbewuchs her

Weichkorallen aus der Gattung Dendronephthya sind prächtig gefärbt.

Der Schuppenfresser-Säbelzahnschleimfisch (Plagiotremus tapeinosoma) frißt Schuppen und Teile von Flossen und Haut, die er anderen Fischen herausreißt.

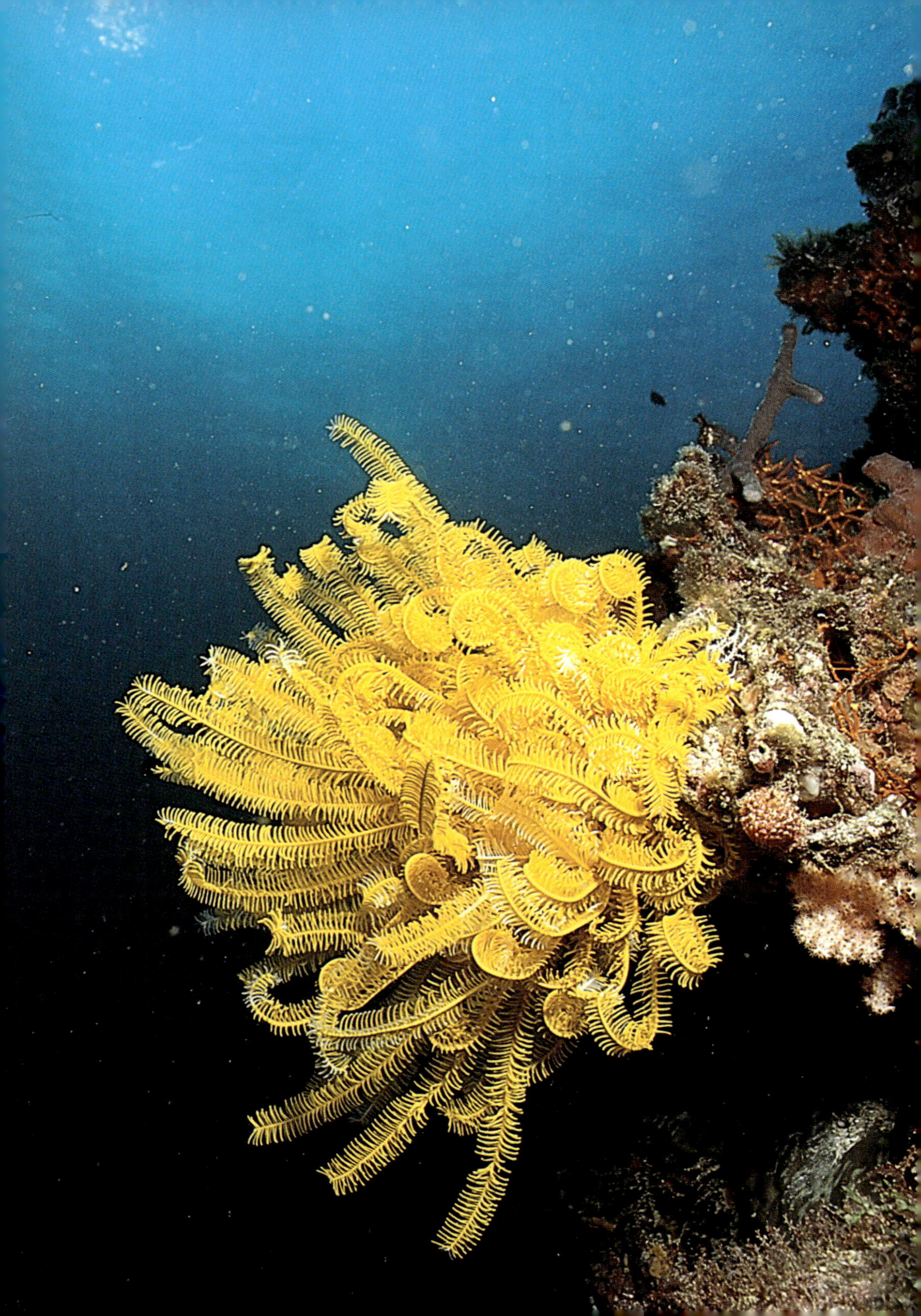

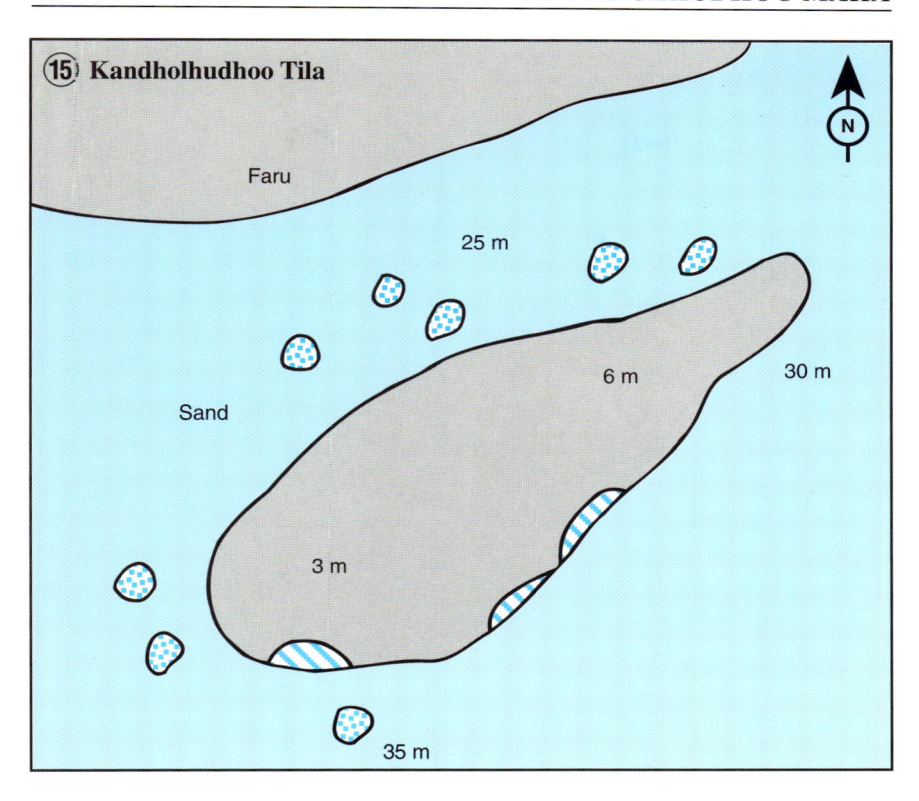

ist das Riff nicht besonders abwechslungsreich, vor allem Scheiben-Krustenanemonen überziehen das Riff. Trotzdem ist der Tauchplatz aufgrund seiner Struktur nicht uninteressant, und es lohnt sich hier zu tauchen.

16. Kandholhudhoo Maha
Getaucht wird an der Westseite dieses Farus, je nach Strömungsrichtung von Nord nach Süd oder umgekehrt. Das Riff fällt steil auf 25–30 Meter ab und ist mit Höhlen und Überhängen, die sehr schön bewachsen sind, durchzogen. Das Riffdach liegt in 3 Meter Tiefe und ist ebenfalls in einem guten Zustand. Gesehen wurden hier Schildkröten, Stachel- und Adlerrochen und sogar Delphine. Wer sich für Wirbellose Tiere interessiert, kommt an diesem Riff ebenfalls auf seine Kosten. Ein einfacher Tauchplatz, der für jeden geeignet ist.

Variable Prachthaarsterne (Comanthina schlegeli) können auch tagsüber mit geöffneten Armen in der Strömung sitzen, um Plankton zu erbeuten.

TAUCHPLÄTZE IM NORDEN DES ARI-ATOLLS 82

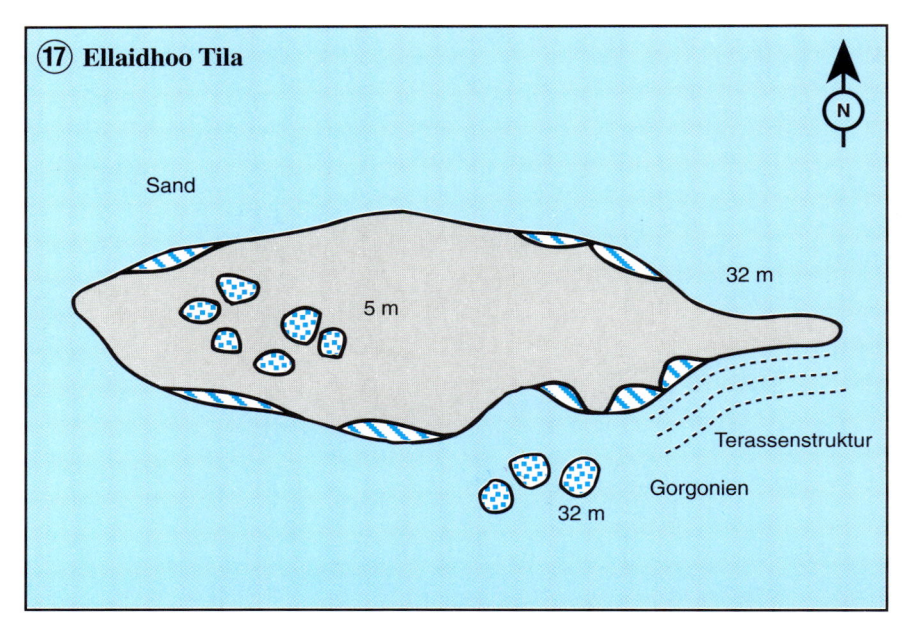

17. Ellaidhoo Tila
Von der Insel Ellaidhoo aus ist Ellaidhoo Tila in nordwestlicher Richtung in etwa 10 Minuten zu erreichen. Das Riffdach liegt auf 5 Meter Tiefe und ist aufgrund natürlicher Umwelteinflüsse (Strömung, Brandung) relativ kahl. Es finden sich hier jedoch große Korallenblöcke, an denen sich Fische aufhalten und die durch die Spiralröhrenwürmer, die ihre Behausungen in den Korallenblöcken haben, wunderschön bunt aussehen. Der Riffabhang fällt allseits bis auf ca. 30 Meter ab. Die Südseite weist zahlreiche Höhlen auf, in denen vor allem große Gorgonien beeindrucken. Vor den Höhlen halten sich gerne Fledermausfische auf, und ab und zu kann man auch einen ruhenden Ammenhai entdecken. Die Nordseite des Riffes ist weniger interessant und abwechslungsreich als die Südseite, so daß meistens letztere betaucht wird. An der Ostseite erstreckt sich ein Ausläufer in die Tiefe, der reich mit verschiedensten Korallen bewachsen ist. Die Westseite ist dagegen eher kahl und vor allem mit Sand bedeckt. Bei starker Strömung ist das Tila zum Tauchen ungeeignet.

18. Ellaidhoo Giri
Ellaidhoo Giri ist ein mittelgroßes Riff westlich von Ellaidhoo. Es wird auf der Süd- und Westseite betaucht. Die Südseite fällt eher flach ab, wohingegen die West- und Ostseite einen Steilabfall aufweisen. Der Riffabhang geht in etwa 20

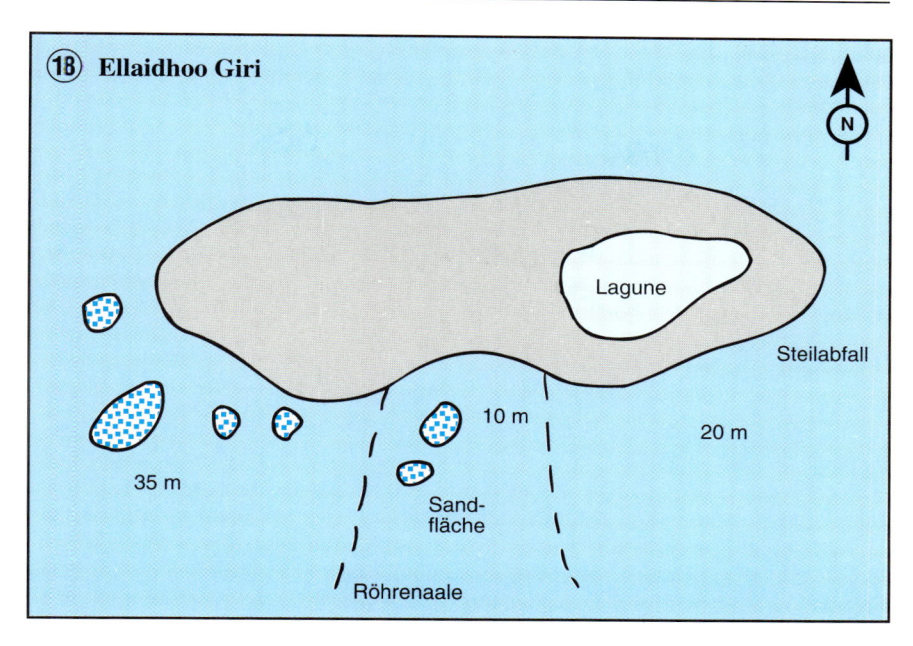

Meter Tiefe in Sand über. Hier auf der Sandfläche kann man Röhrenaale, Stechrochen und mit viel Glück auch Geigenrochen beobachten. Auch Mobulas sind schon von Tauchern gesichtet worden. Auf einer großen Sandfläche auf der Südseite des Riffes in etwa 12 Meter Tiefe befinden sich zwei Korallenblöcke, die auf eindrucksvolle Weise die Vielfalt im Korallenriff verdeutlichen. Insgesamt ist dieser Tauchplatz eher von der Kleintierfauna geprägt, bietet hier aber eine erstaunliche Vielfalt. Ellaidhoo Giri ist aufgrund seiner Riffstruktur und meist vorherrschenden schwachen Strömung für Tauchanfänger besonders gut geeignet.

19. Ellaidhoo Hausriff

Welcher passionierte Taucher kennt nicht die Touristeninsel Ellaidhoo mit ihrem wunderschönen Hausriff? Auf der Südseite befindet sich ein Steilabfall bis auf 30 Meter Tiefe mit Überhängen und kleinen Höhlen, die üppig mit verschiedenen Korallenarten, Schwämmen, Algen und anderen Wirbellosen Tieren bewachsen sind. Prächtig ist der Anblick vor allem in der Nacht, wenn die Korallenpolypen ihre Tentakel zum Planktonfang in die Strömung strecken und im Schein der Unterwasserlampe ihre farbige Schönheit entfalten. Hier am Hausriff kann man sowohl beim Tauchen wie auch beim Schnorcheln alles sehen, was das Reich der maledivischen Unterwasserwelt zu bieten hat: Haie, Rochen, Mantas, Mobulas, Schildköten, Muränen und Napoleon-Lippfische neben Nacktschnecken, Strudelwürmern, Seescheiden, Korallen, Anemonen, großen Fischschwärmen und vielem mehr. Es ist nicht möglich, all das aufzuzählen, was hier geboten wird. Wenn die Strömung es erlaubt, kann man das Hausriff rundherum betauchen, was allerdings eher selten der Fall ist. An der Westseite befindet sich eine große Langustenhöhle. Die Nordseite fällt flacher ab und ist nicht ganz so dicht bewachsen wie die Südseite. Interessant ist auch, daß vor dem Anlegesteg für die Dhonis in etwa 30 Meter Tiefe ein sehenswertes Wrack liegt. Es ist mit Schwämmen und Korallen bewachsen, und man kann dort großen Zackenbarschen oder auch Haien und Rochen begegnen. Das Wrack liegt auf der Seite, weshalb man nicht hineintauchen sollte.

20. Fusfaru Faru

Das Riff liegt nördlich von Ellaidhoo. Es fällt steil ab und ist von verschiedenen Korallenarten bewachsen. Man taucht je nach Strömung entweder von Westen nach Osten oder umgekehrt. Das Riff fällt auf 25–30 Meter Tiefe ab. In der Tiefe liegen einige Korallenblöcke, die man sich ansehen kann. Etwa auf der Hälfte der Strecke kann man in die Lagune von Fusfaru Faru tauchen. Dort befindet sich ein Korallenblock, an dem sich Glasfische und manchmal auch Stechrochen aufhalten. Es gibt Höhlen und Überhänge, die einen Abstecher wert sind. Es wurden am Fusfaru Faru schon Mobulas, Mantas, Haie, Napoleon-Lippfische und Schildkröten gesehen. Ein interessantes Riff, an dem man bei jeder Strömung tauchen kann.

21. Magala Tila

Magala Tila ist eines der schönsten Riffe im Ari-Atoll. Es kann rundherum betaucht werden, ist aber bei starker Strömung nicht für einen Tauchgang geeignet. Das Riff liegt im Kanal zwischen der Insel Magala und Orimas Faru. Auf dem Riffdach in 5–8 Meter Tiefe wachsen riesige Tischkorallen, die einer bunten Vielfalt von Fischen Nahrung und Schutz bieten. An der Westspitze hält sich ein großer Schwarm Blaustreifen-Schnapper auf. Taucht man von hier aus weiter auf der Nordseite in Richtung Osten, so bietet sich das Bild einer terrassenartigen Riffstruktur mit kleinen Nischen und großen Höhlen, in denen man Gorgonien, Peitschenkorallen oder auch mal einen Zitterrochen betrachten kann. Je weiter man nach Osten taucht, um so steiler wird der Riffabhang. Lederkorallen überziehen an einigen Stellen das Riff, Weichkorallen bilden große Felder. Auf dem Riffdach an der Ostspitze des Tilas befindet sich ein großes Feld Prachtanemonen mit ihren Anemonenfischen. Riffbarsche sowie Schmetterlingsfische und zahlreiche weitere Fischarten besiedeln hier in großen Schwärmen das Riff. Die Südseite des Tilas fällt flacher ab als die Nord/Nordostseite und ist terrassenartig strukturiert. Zäpfchenkorallen dominieren neben Geweihkorallen-Arten. In etwa 25 Meter Tiefe läuft der Riffabhang in Sand aus. Hier kann man des öfteren Weißspitzen-Riffhaie beobachten.

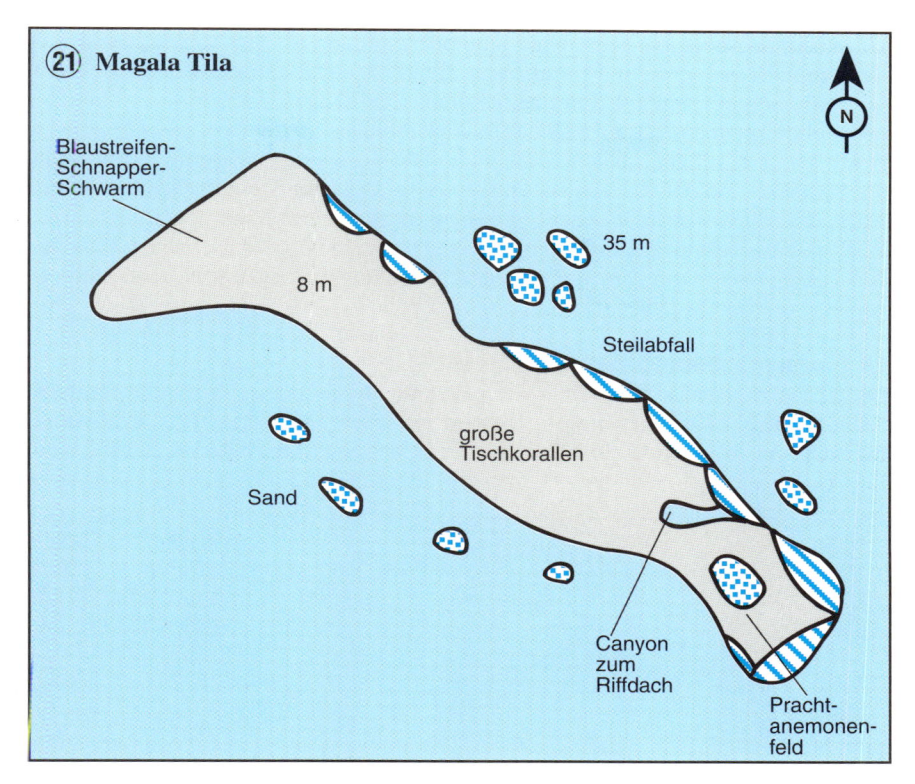

22. Magala Faru
Magala Faru wird bei Strömungstauchgängen auf seiner Süd- und Westseite betaucht. Es handelt sich um ein senkrecht abfallendes Riff mit Höhlen und Überhängen. Die Südseite ist mehr terrassenartig gestaltet, weist jedoch auch Überhänge und Höhlen auf. In ca. 35 Meter Tiefe beginnt Sandboden. Verschiedene Korallenarten und Schwämme besiedeln neben zahllosen Wirbellosen Tieren das Riff. Gesehen wurden hier schon Adlerrochen, Mantas, Ammenhaie und große Schwärme von Schnappern oder Füsilieren. Ein Tauchplatz, der besonders für Strömungstauchgänge geeignet ist.

23. Orimas Faru
Dieses langgezogene Riff liegt südlich von Ellaidhoo. Beeindruckend sind die großen Gorgonien und andere Hornkorallen am Riffabhang. Überhänge und kleinere Höhlen durchsetzen das Riff. Es ist ein steil abfallendes Riff, das besonders für Strömungstauchgänge geeignet ist.

TAUCHPLÄTZE IM NORDEN DES ARI-ATOLLS 86

24. Konaga Faru

Konaga Faru liegt etwa 30 Minuten von Ellaidhoo entfernt im Süden. Es ist ebenfalls ein langgezogenes Riff mit zahlreichen Überhängen und kleinen Höhlen, in denen sich manchmal Langusten aufhalten. Man kann das Faru sowohl auf der Nord- als auch auf der Südseite betauchen. Die Nordseite fällt weniger steil ab als die Südseite, und der Riffabhang läuft in etwa 25 Meter Tiefe im Sand aus. Hier befinden sich Korallenblöcke mit schönem Bewuchs, im Sand liegen manchmal Weißspitzen-Riffhaie oder Rochen, und eine Vielzahl von Fischschwärmen bevölkert das Riff. Es ist ein Tauchplatz, der für Strömungstauchgänge bestens geeignet ist.

25. Mushimasmingili Tila (Fish Head)

Dieser Tauchplatz ist wohl einer der bekanntesten Plätze im Ari Atoll und liegt nahe der Insel Mushimasmingili. Begehrt ist dieser Tauchplatz wegen der Haie, die sich dort in großer Zahl aufhalten. Es ist schon ein beeindruckendes Schau-

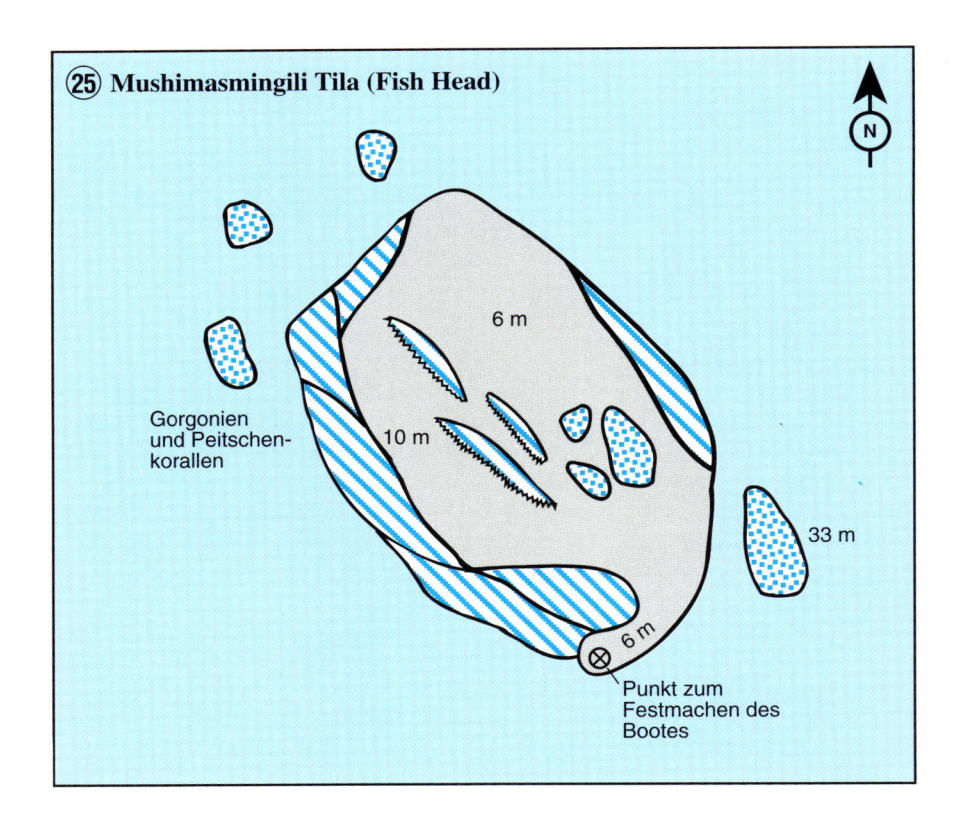

Am legendären Fish Head kann man Graue Riffhaie (Carcharhinus amblyrhynchos) aus nächster Nähe erleben.
Aber auch Riesenmuränen (Gymnothorax javanicus) und andere Großfische sind am Fish Head regelmäßige Gäste.

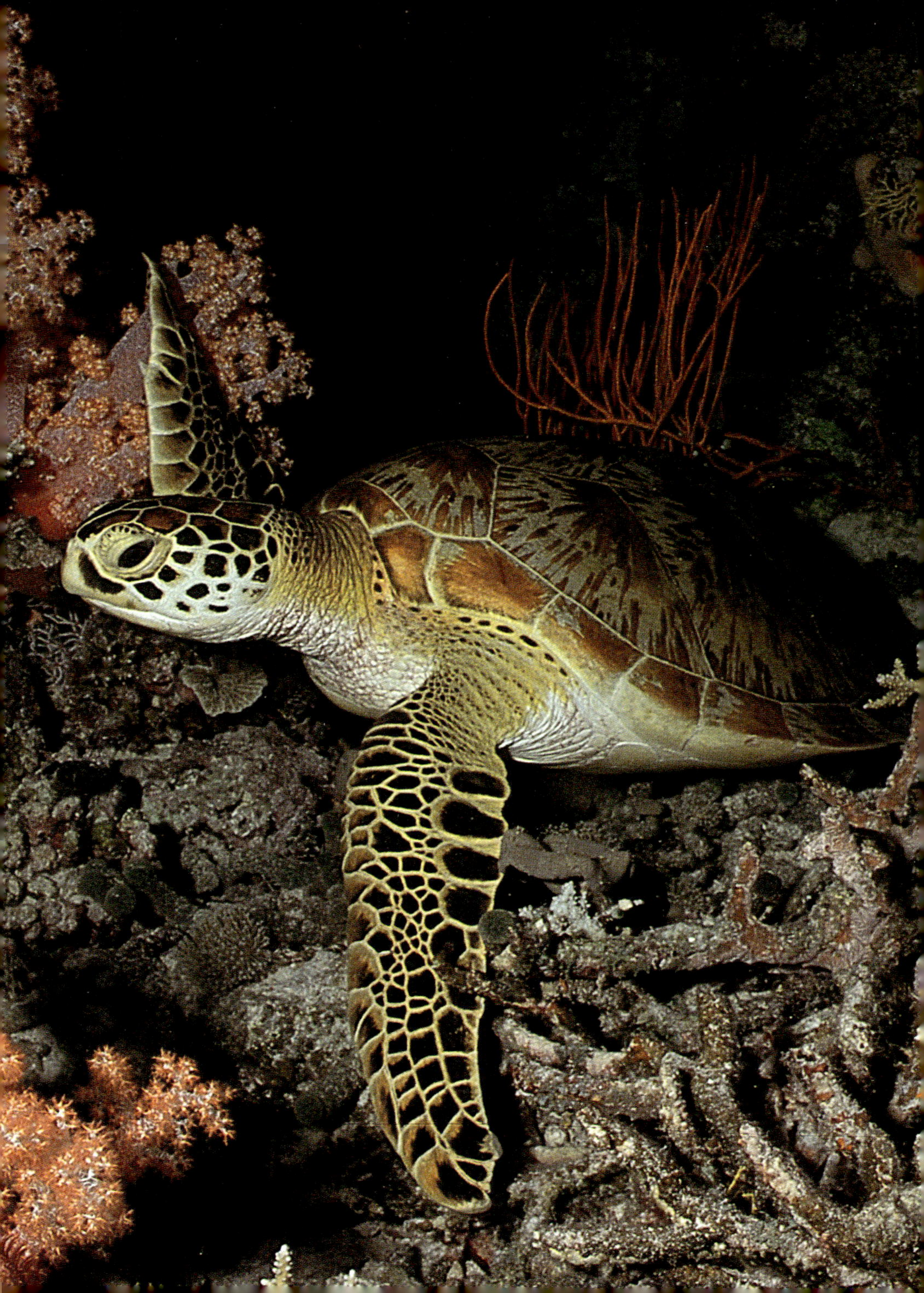

spiel, wenn die Grauen Riffhaie und Weißspitzen-Riffhaie vor dem Riff patroullieren oder sich mitten zwischen die Taucher drängen. Doch auch wenn keine oder wenige Haie da sind, hat das Riff noch einiges zu bieten. Das Riffdach selbst ist von kleinen Scheiben-Krustenanemonen überwuchert, und unter Korallenblöcken halten sich Steinfische und Muränen auf. Der Riffabhang ist mit Überhängen durchzogen, in denen Gorgonien und Peitschenkorallen neben Schwämmen und Steinkorallen wachsen. Wenn die Strömung es zuläßt, kann man das Riff rundherum betauchen. Der Tauchplatz ist einer der wenigen, an dem das Boot mit einem Seil festgemacht wird.

26. Fushi Faru Bodu Giri
Dieses Riff liegt im Nordwesten von Fushi Faru. Das Giri ist rundherum zu betauchen. Die Nordseite fällt steil auf 30 Meter Tiefe ab, die Südseite dagegen fällt flacher ab und läuft in etwa 23 Meter Tiefe im Sand aus. Überall im Sand liegen Korallenblöcke, an denen man das rege Treiben der Fische beobachten kann. Der Riffabhang zeichnet sich durch abwechslungsreichen Korallenbewuchs aus. Im Westen des Giris steht ein sehr großer Wimpelfischschwarm. Des weiteren gibt es am Riff in Überhängen Langusten zu sehen. Ein Tauchplatz, der auch für Anfänger geeignet ist.

27. Fushi Faru Kuda Giri
Fushi Faru Kuda Giri liegt südlich von Fushi Faru Bodu Giri. Auch dieses Riff ist bei geringer Strömung rundherum zu betauchen. Der Riffabhang fällt bis auf etwa 20 Meter Tiefe ab und läuft im Sand aus. Vereinzelt liegen Korallenblöcke im Sand. Der Riffabhang weist ein paar Überhänge auf, in denen man Langusten oder auch mal eine Schildkröte finden kann.

28. Fushi Faru
Fushi Faru ist ein steil abfallendes Riff (bis etwa 25 Meter), das man auf der Südseite betaucht. Viele verschiedene Steinkorallen-Arten, blaugefärbte Geweihschwämme, zum Teil große Tischkorallen, Feuerkorallen und andere Hydrozoen-Arten wachsen hier. Es gibt zahlreiche große Überhänge, in die man hineintauchen kann. Es empfiehlt sich daher, eine Lampe mitzunehmen. Bei starker Strömung kann man hier sehr gut tauchen, ansonsten bietet das Riff wenig Abwechslung.

Im Gegensatz zu den kleineren Echten Karettschildkröten trifft man Suppenschildkröten (Chelonia mydas) häufiger auf Nachttauchgängen an.

TAUCHPLÄTZE IM NORDEN DES ARI-ATOLLS 90

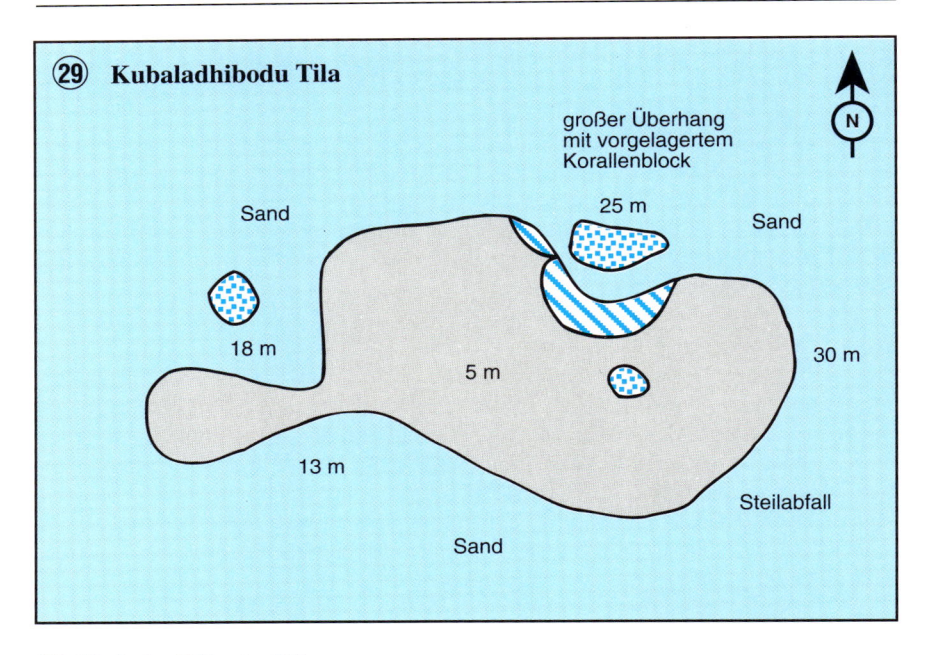

29. Kubaladhibodu Tila

Im Kubaladhi Kandu liegen drei Tilas: Kubaladhibodu Tila, Kubaladhimeddu Tila und Kubaladhikuda Tila.

Kubaladhibodu Tila ist das größte der drei Tilas und kann je nach Stärke der Strömung rundherum betaucht werden. Interessant ist eine große Höhle auf der Nordseite mit einem davor liegenden großen Korallenblock (in ca. 25 Meter Tiefe). Die Südseite erscheint dem Betrachter sanfter und weniger schroff als die Nordseite. Weichkorallen und Anemonen mit ihren Anemonenfischen prägen hier das Bild. Der Riffabhang fällt auf 30–35 Meter Tiefe ab und läuft hier im Sand aus. Braune Zäpfchenkorallen sind neben Geweihkorallen-Arten am Riffabhang dominant. Auf dem Riffdach in 5 Meter Tiefe befinden sich Korallenblöcke, die von verschiedenen Wirbellosen wie Spiralröhrenwürmern, Muscheln und Wurmschnecken besiedelt sind. Porenkorallen und Feuerkorallen herrschen hier vor. Insgesamt weist das Tila einen gut erhaltenen Korallenbestand auf, und auch die Fischvielfalt ist groß. Füsiliere, Riffbarsche, Schnapper, Doktorfische, Haie und manchmal auch Schildkröten sind hier anzutreffen.

Der winzige Zwerg-Schleimfisch (Ecsenius minutus) kommt nur auf den Malediven vor.

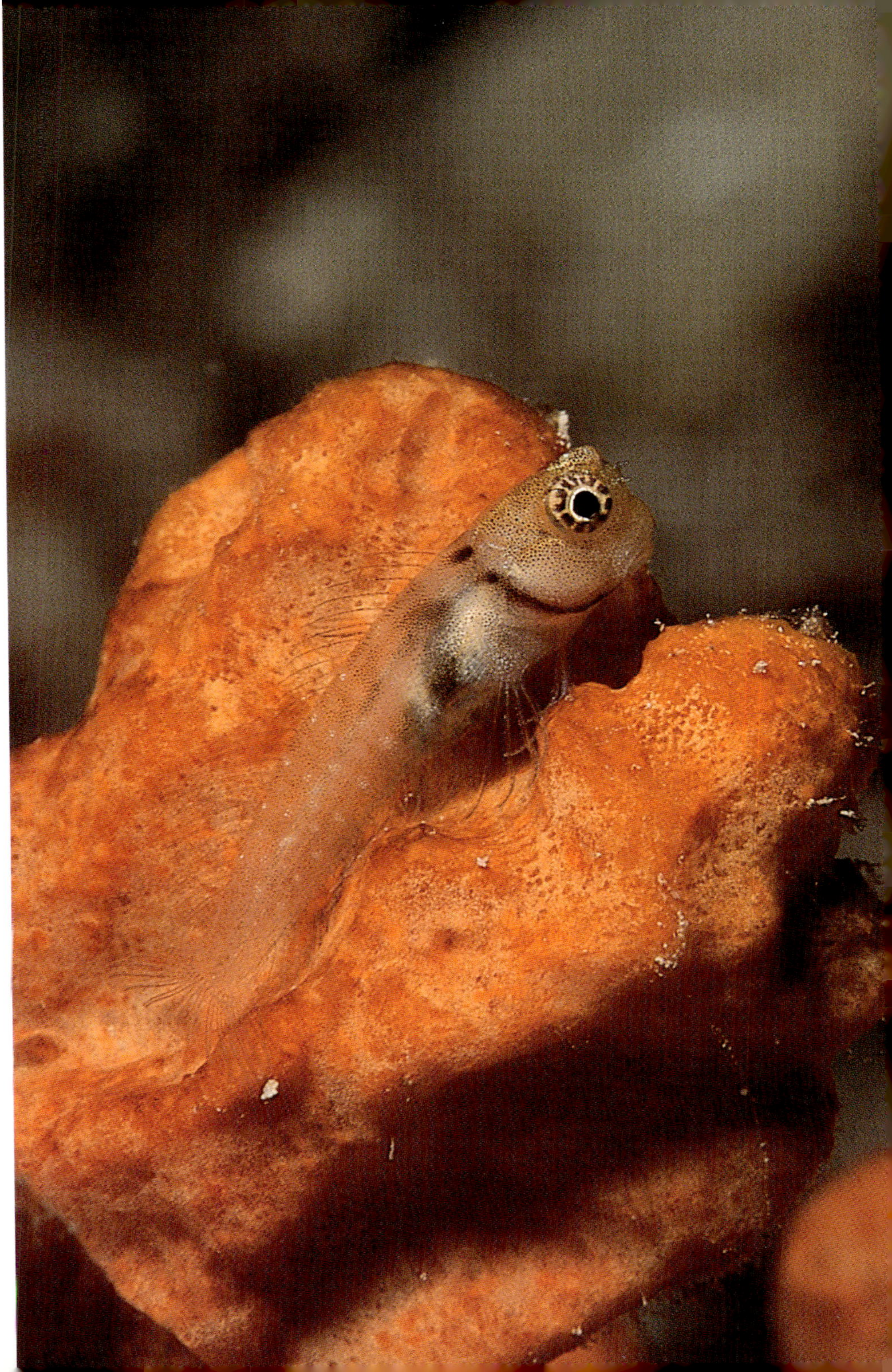

Vroliks Lippfisch (Halichoeres vroliki).

Pfauen-Kaiserfisch (Pygoplites diacanthus).

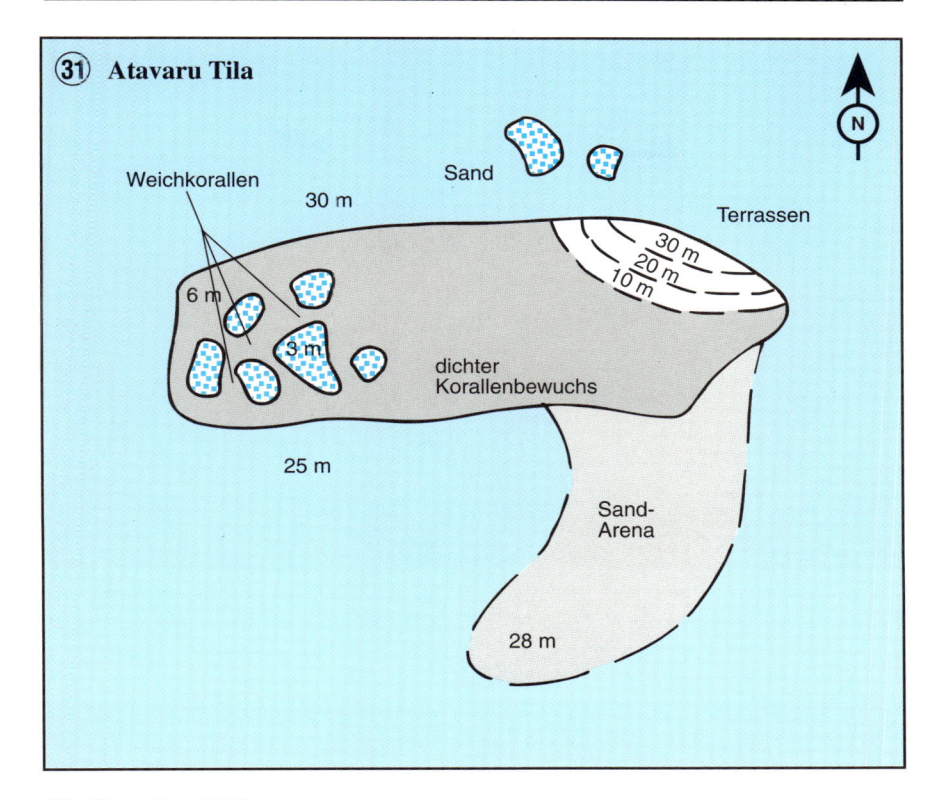

30. Gameburi Tila
Gameburi Tila liegt nördlich von Atavaru. Am Riff dominieren Weich- und Lederkorallen. Man kann Napoleon-Lippfische, Schildkröten und selbstverständlich Weißspitzen-Riffhaie beobachten. Das Tila ist auch bei starker Strömung leicht zu betauchen. Darüber hinaus ist es möglich, an das nahegelegene Giri zu tauchen und sich am Riff entlangtreiben zu lassen.

31. Atavaru Tila
Atavaru Tila ist ein mittelgroßes Riff nördlich der Einheimischeninsel Hagnamedu. Das Riff besticht durch seinen intakten Korallenbewuchs und die Vielfalt an Korallenarten. Das Riffdach befindet sich auf 3–6 Meter Tiefe. Auf dem Riffdach beeindrucken einige große Porenkorallen-Blöcke, die einer Vielzahl von marinen Organismen Behausung und Schutz gewähren. Bei geringer Strömung kann man das Riff rundherum betauchen. Der Riffabhang ist nicht besonders steil, und auf der Nordseite wachsen vor allem Braune Zäpfchenkorallen (auch Stempelkorallen genannt, da sie den Tauchanzug bei Berührung intensiv braun färben).

An zahlreichen Tauchplätzen und auch an vielen Hausriffen kann man standorttreue Fischschwärme beobachten. Oben: Schwarm-Wimpelfisch (*Heniochus diphreutes*).

Blaustreifen-Schnapper (*Lutjanus kasmira*).

Auch die Orientalische Süßlippe (Plectorhinchus orientalis) lebt meist in Gruppen.

An der Nordostseite fällt die terrassenartige Struktur des Riffabhanges ins Auge. Etwa alle 10 Meter beginnt eine neue Stufe. Hier wachsen Schwarze Korallen und Gorgonien und überall liegen kleinere und größere Korallenblöcke. Man kann wunderschöne und zum Teil sehr große Nacktschnecken, Strudelwürmer, kleine Krebstiere und andere „Kleinigkeiten" entdecken, die dem ungeübten Auge vielleicht gar nicht auffallen. Taucht man weiter auf die Südseite des Tilas, so fällt sofort die sogenannte „Sandarena" auf. Es handelt sich hier um eine riesige Sanddüne, die sich in etwa 20 Meter Tiefe befindet. Der Riffabhang ist auf der Südseite etwas steiler als auf der Nordseite und unterscheidet sich auch im Korallenbewuchs. Porenkorallen (*Porites*), Geweihkorallen (*Acropora*), Feuerkorallen und noch viele andere Arten besiedeln den Riffabhang sehr dicht. Das Fischvorkommen ist groß (Riffbarsche, Füsilierschwärme, Buckelschnapper, Straßenkehrer und andere mehr). Besonders schön ist der Weichkorallenbewuchs an der Westspitze des Riffs im 5- bis 15-Meter-Bereich. Insgesamt ist Atavaru Tila ein Riff, das eine weite Anfahrt lohnt, da es noch weitgehend unberührt ist.

32. Kandu Tila
Kandu Tila ist ein Riff südlich der Einheimischeninsel Hagnamedu. Es weist einen intakten Korallenbewuchs auf. Das Riffdach liegt in 10–15 Meter Tiefe, der Riffabhang reicht bis in 35 Meter Tiefe und ist mit zahlreichen Überhängen und Höhlen durchsetzt.

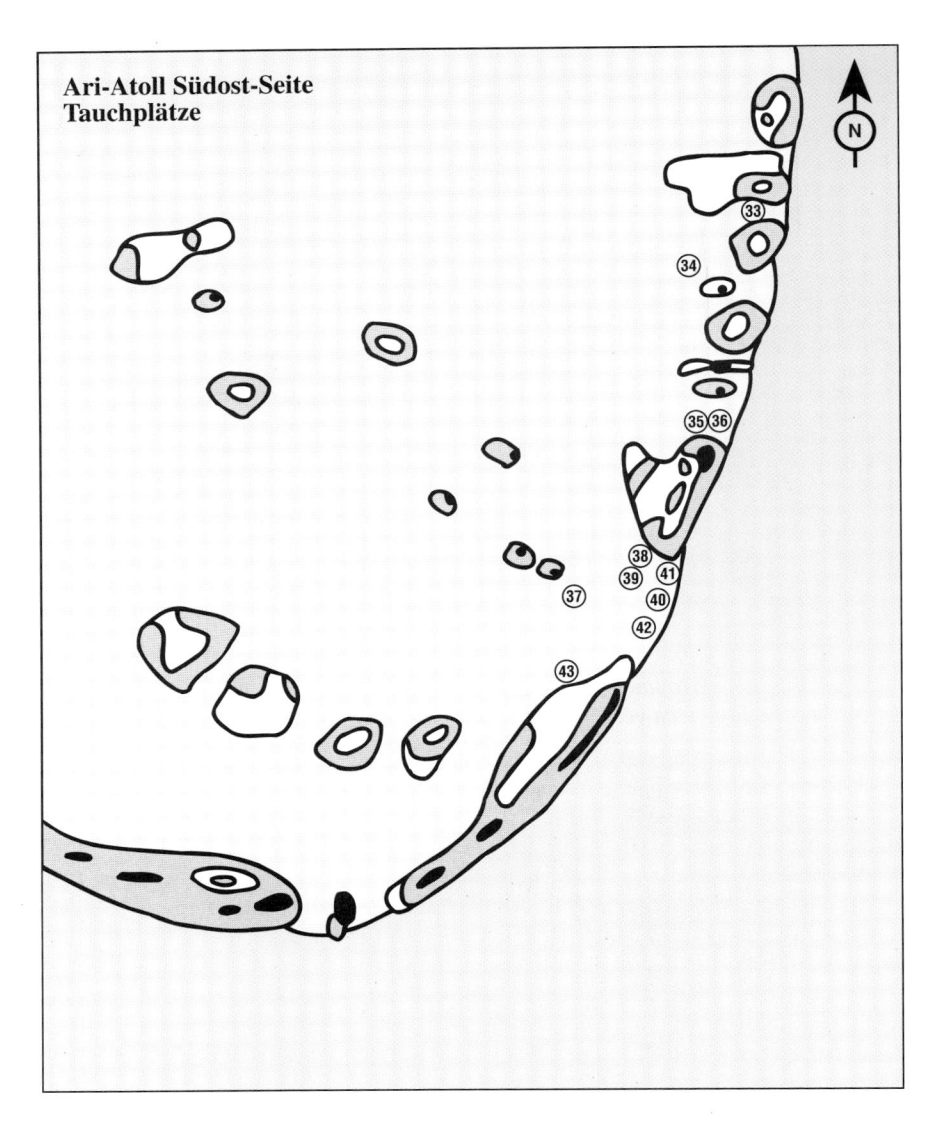

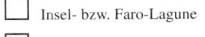

Ari-Atoll Südost-Seite
Tauchplätze

33. Hiti Kandu Tila
34. Velagali Tila
35. Dhagethi Meddu Tila
36. Mexx Tila (Dhagethi Bodu Tila)
37. Kuda Rah Tila
38. Hudhoo Kuda Tila
39. Thinfushi Tila
40. Broken Rock
41. Hane Tila
42. Dhigurah Arches
43. Dhigurah Ethere

- Insel- bzw. Faro-Lagune
- Atoll-Lagune
- offenes Wasser
- Riff
- Insel

Tauchplätze im Südosten des Ari-Atolls

33. Hiti Kandu Tila

Das Riff liegt 60 Minuten in nördlicher Richtung von Machchafushi entfernt im Kanal zwischen den Inseln Huravalhi Falhu und Hithi Falhu. Es handelt sich um ein langgezogenes Tila, das sich in West-Ost-Richtung erstreckt. Die Nordseite fällt auf 30 Meter Tiefe und mehr ab, die Südseite fällt steil auf ca. 25 m Tiefe ab. Das Riff ist durch zahlreiche Überhänge charakterisiert. Es gibt jede Menge Braune Zäpfchenkorallen (Stempelkorallen), blaugefärbte Geweihschwämme und Leder- sowie Geweihkorallen. Sehr abwechslungsreich ist das Riff nicht, doch das geübte Auge kann viele „Kleinigkeiten", wie Nacktschnecken, Strudelwürmer, verschiedenste Arten von Seescheiden und anderes mehr entdecken. Aber auch Schwarmfische und manchmal sogar Schildkröten und Mantas kann man beobachten. Fahnenbarsche bevölkern das Riff in großer Zahl. Das Riffdach liegt auf 12 Meter Tiefe, und man muß im freien Wasser austauchen. Für Anfänger ist dieser Platz daher nur bedingt geeignet.

Der Gewöhnliche Großaugenbarsch (Priacanthus hamrur) ist nachtaktiv und verbringt den Tag meist versteckt in Höhlen und Spalten oder unter Überhängen.

TAUCHPLÄTZE IM SÜDOSTEN DES ARI-ATOLLS

34. Velagali Tila

Velagali Tila ist ein kleines Riff, das vor der Insel Huvahendoo liegt. Der Riffabhang fällt allseits steil ab, das Riffdach befindet sich in einer Tiefe von 6–8 Meter. Das Riff weist zahlreiche Höhlen und Überhänge mit einer Vielzahl von typischen Riffbewohnern auf. Viele Drückerfische bevölkern das Riff, und manchmal kann man auch Stechrochen beobachten. Ein sehr interessantes Riff, das man bei schwacher Strömung rundherum, bei starker Strömung nur im Strömungsschatten betauchen kann.

35. Dhagethi Meddu Tila

Das Tila (50 Meter lang, 25 Meter breit) liegt nördlich der Insel Dhagethi. Es fällt an der Nord- und Südseite steil ab, an den beiden anderen Seiten läuft es eher flach auf Tiefen zwischen 25 und 30 Meter aus. Es ist sehr schön mit Weichkorallen bewachsen. Auf den Sandflächen in der Tiefe kann man Röhrenaale beobachten. Überhänge zergliedern das Riff. Das Riffdach befindet sich in einer Tiefe von 3–5 Meter, so daß man bequem am Riff austauchen kann. Bei starker Strömung ist man gezwungen, entweder an manchen Stellen gegen die Strömung anzutauchen, um rund um das Tila zu kommen, oder aber man hält sich im Strömungsschatten des Riffs auf und genießt hier den Anblick eines sehr schönen Korallenbewuchses und der Fische, die sich hier aufhalten.

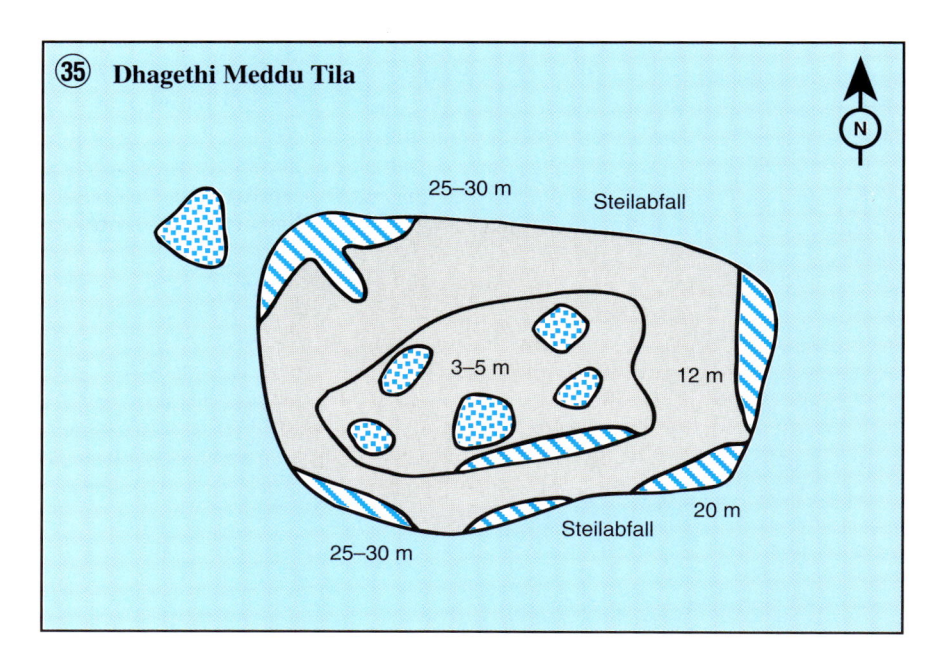

Weichkorallen neben einer Großen Mördermuschel (Tridacna squamosa).

36. Mexx Tila (Dhagethi Bodu Tila)

Das Riff liegt im Kanal nördlich von Dhagethi etwa 55 Minuten von Angaga entfernt. Es besteht aus zwei Tilas, einem kleineren und einem größeren. Je nach Strömung taucht man entweder in West-Ost- oder Ost-West-Richtung auf der Nordseite des Tilas. Die Seiten fallen sehr tief auf etwa 30 Meter ab, die Nordseite selbst ist nicht ganz so tief (20 Meter und weniger). Beginnt man den Tauchgang im Westen, so kann man einige Überhänge mit Schwarzen Korallen, Peitschenkorallen und anderem mehr sehen. Danach ist der Riffabhang mit Weichkorallen, kleinen Tischkorallen und Schwämmen bewachsen. Dazwischen befinden sich kleinere Korallenblöcke, die vielen Lebewesen Nahrung und Schutz bieten. Kommt man weiter Richtung Osten, fallen riesige Porenkorallen auf, die wie Tempelbauten der Inkas aussehen. Sie sind terrassenförmig strukturiert und reichen sehr weit in Richtung Oberfläche – sehr beeindruckend. Das Riffdach ist ebenfalls sehr schön bewachsen. Auch bei starker Strömung ist das Riff ein sehr attraktiver Tauchplatz (für Anfänger dann aber eher bedingt geeignet). Ein sehr schönes, abwechslungsreiches Riff mit wunderschönem Weichkorallenbestand und beeindruckend großen Porenkorallen-Blöcken.

TAUCHPLÄTZE IM SÜDOSTEN DES ARI-ATOLLS

37 Kuda Rah Tila

Sand
24 m
18 m
14 m
8–10 m
15 m
17 m
±8 m
24 m

Durchbruch, durch den
man durchtauchen kann

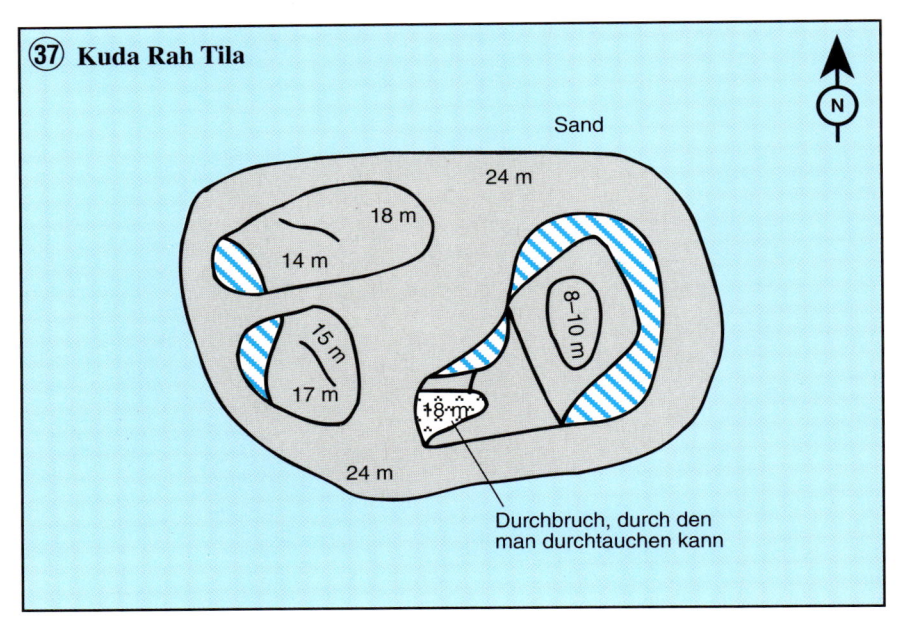

37. Kuda Rah Tila

Das Riffdach dieses Tilas liegt auf 14 Meter Tiefe und ist daher für Anfänger nicht geeignet. Der Riffabhang läuft zunächst in 25 Meter Tiefe in eine Sandfläche aus, um anschließend in noch größere Tiefe abzugleiten. Das Riff ist wundervoll bewachsen: Weichkorallen in vielen Farben, bläulich schimmernde Gorgonien wachsen an den Überhängen, Peitschenkorallen und Schwarze Korallen sind zu sehen. Eine traumhafte Vielfalt. Ein großer Schwarm Blaustreifen-Schnapper steht am Riff, Trompetenfische, Langnasen-Straßenkehrer sowie Fledermausfische sind hier auf Nahrungssuche. Es gibt Überhänge, Durchbrüche und kleine Schluchten. All das und die Artenvielfalt machen das Riff zu einem unbeschreiblichen Erlebnis. Man kann das Riff bei geeigneter Strömung mehrmals umrunden. Da es aber insgesamt tief liegt, muß man auf die Nullzeit achten. Es ist faszinierend, dieses Riff zu betauchen, denn es besticht in seiner Schönheit und Vielfalt. Eines der schönsten Tilas im gesamten Süd-Ari-Atoll.

38. Hudhoo Kuda Tila

Dieses kleine Tila liegt im Kanal nahe der Insel Dhagethi und ist 30 Meter lang und ebenso breit. Es besteht aus fünf Blöcken, zwischen denen Kanäle verlaufen, die man durchtauchen kann. Überall wachsen Weichkorallen und Gorgonien in großer Zahl. Ein wunderschöner Bewuchs, der erhalten bleiben sollte. Jeder Taucher sollte daher vor allem beim Durchtauchen der Kanäle darauf achten, daß er nichts beschädigt. Zum Teil sind die Kanäle eng und nur für wirklich geübte Taucher zum Betauchen geeignet. Die höchste Erhebung des Riffes liegt auf 12 Meter Tiefe, man muß also im freien Wasser austauchen. Bei starker Strömung heißt das im Blauwasser. Man kann an diesem Platz riesige Zackenbarsche, Süßlippen, Stachelmakrelen, Thunfische und andere mehr beobachten. Ein buntes Treiben herrscht an den Blöcken, und es ist sehr interessant, den Tieren bei ihren Aktivitäten zuzusehen. Ein sehr empfehlenswerter Tauchplatz.

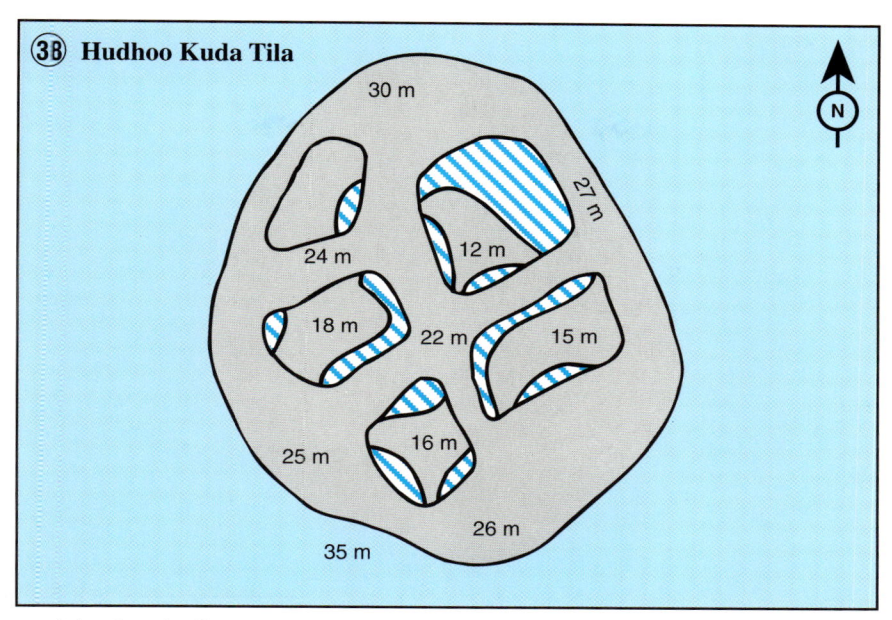

39. Thinfushi Tila,

Das Riff ist ein großes Tila, dessen Riffdach bis auf 6–8 Meter Tiefe an die Oberfläche reicht. Die West- und die Ostseite weisen große Überhänge auf. An der Südostseite befinden sich einige größere Korallenblöcke. Der Riffabhang fällt auf ca. 25 Meter Tiefe ab. Auch die Südseite ist durch zahlreiche Überhänge charakterisiert. Wunderschöne und auch sehr große Weichkorallenbestände bestechen mit ihrer Schönheit. Große Riesengorgonien wachsen quer zur Strömungsrichtung, und immer wieder sind einzelne Korallenblöcke zu sehen. Bläulich schimmernde Gorgonien wachsen in den Überhängen, und auch die gelben Polypententakel der Gelben Zäpfchenkorallen geben dem Riff den Anschein einer blühenden Wiese. Ein sehr schöner intakter Bewuchs herrscht hier vor. Man kann riesige Füsilierschwärme, Napoleon-Lippfische und Haie beobachten. Ein mehr als lohnenswerter Tauchplatz.

TAUCHPLÄTZE IM SÜDOSTEN DES ARI-ATOLLS 102

㊵ Broken Rock

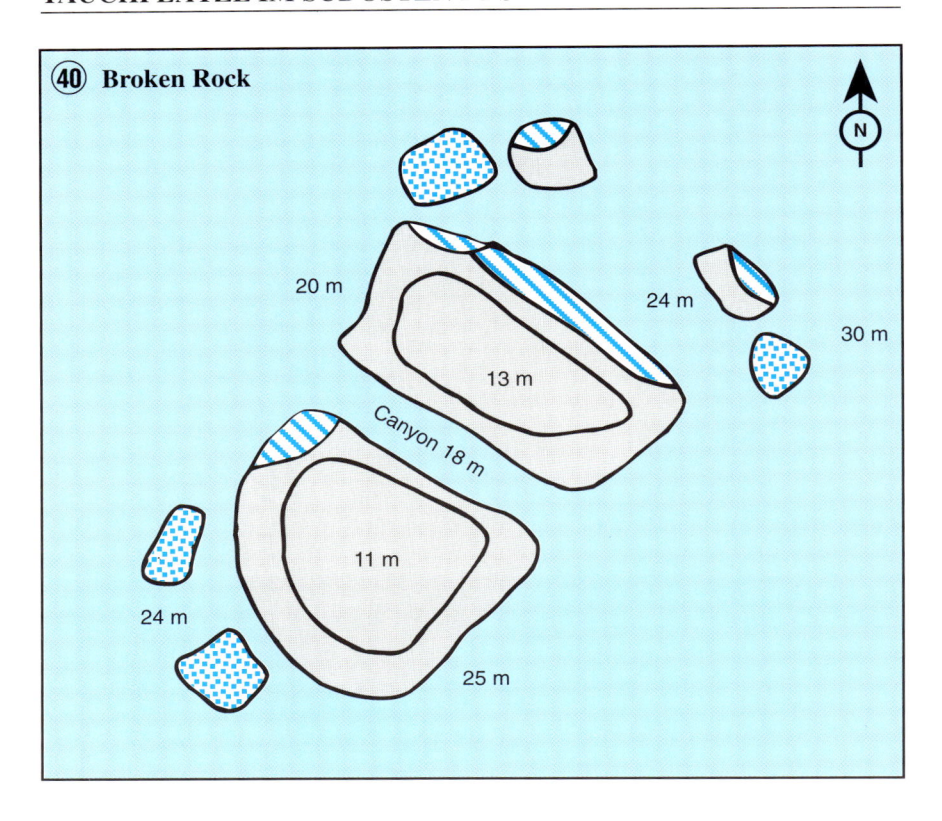

40. Broken Rock

Dieses Tila liegt im Kanal zwischen Dhigurah und Dhagethi und ist ein faszinierendes Riff mit wunderschönem Weichkorallenbewuchs. Das Riffdach befindet sich in 12 Meter Tiefe. Auf der Nordseite des Tilas, das durch einen Canyon in zwei große Teile getrennt ist, liegen einige große Korallenblöcke in einer Tiefe von 24–30 Meter. Der Canyon erstreckt sich von West nach Ost und kann in einer Tiefe von 18 Meter durchtaucht werden. Das sollte aber mit großer Vorsicht geschehen, da man leicht den Korallenbewuchs beschädigen kann. Ungeübte Taucher sollten sich den Canyon besser von oben anschauen. Die Südwestseite fällt weniger steil ab als die Nordostseite und ist sehr abwechslungsreich. Man kann Schildkröten und Napoleon-Lippfischen begegnen, die Fischvielfalt ist ebenfalls groß. Ein wirklich faszinierender Tauchplatz, der für Anfänger aber weniger geeignet ist.

Hornkorallen stehen meist an gut beströmten Plätzen, an denen sie mit Hilfe ihrer unzähligen Polypen Plankton aus dem Wasser filtrieren.

41. Hane Tila

Hane Tila liegt ebenfalls im Kanal zwischen Dhigurah und Dhagethi, und zwar an der Außenseite des Atolls und ist somit strömungsexponiert. Das Riffdach befindet sich auf 12–20 Meter Tiefe, der Riffabhang fällt auf der Westseite flach, auf der Ostseite steil ab. Hier sind auch kleinere und größere Überhänge zu finden. An Korallen sieht man sowohl Weich- und Lederkorallen als auch Steinkorallen (vor allem Geweihkorallen und Tischkorallen). Braune Zäpfchenkorallen besiedeln das Riff in großer Zahl. Man kann Haie, Barrakudas, Schnapper, Stachelmakrelen und natürlich jede Menge Fahnenbarsche sehen. Interessant ist auch das Riffdach an der Südseite des Tilas. Hier befindet sich eine Ansammlung von Porenkorallen mit großem Ausmaß, die bis etwa 12 Meter unter die Wasseroberfläche reichen und zahlreiche Unterschlüpfe (kleine Höhlen) aufweisen. Hier kann man manchmal schlafende Ammenhaie finden. Der Korallenbewuchs ist üppig, Weichkorallen und verschiedenste Hornkorallen prägen das Bild.

TAUCHPLÄTZE IM SÜDOSTEN DES ARI-ATOLLS 104

㊷ Dhigurah Arches

Sand
30 m
15 m
Sand
18–25 m
Sand
Sand
Sand
4–6 m
Dhigurah Island

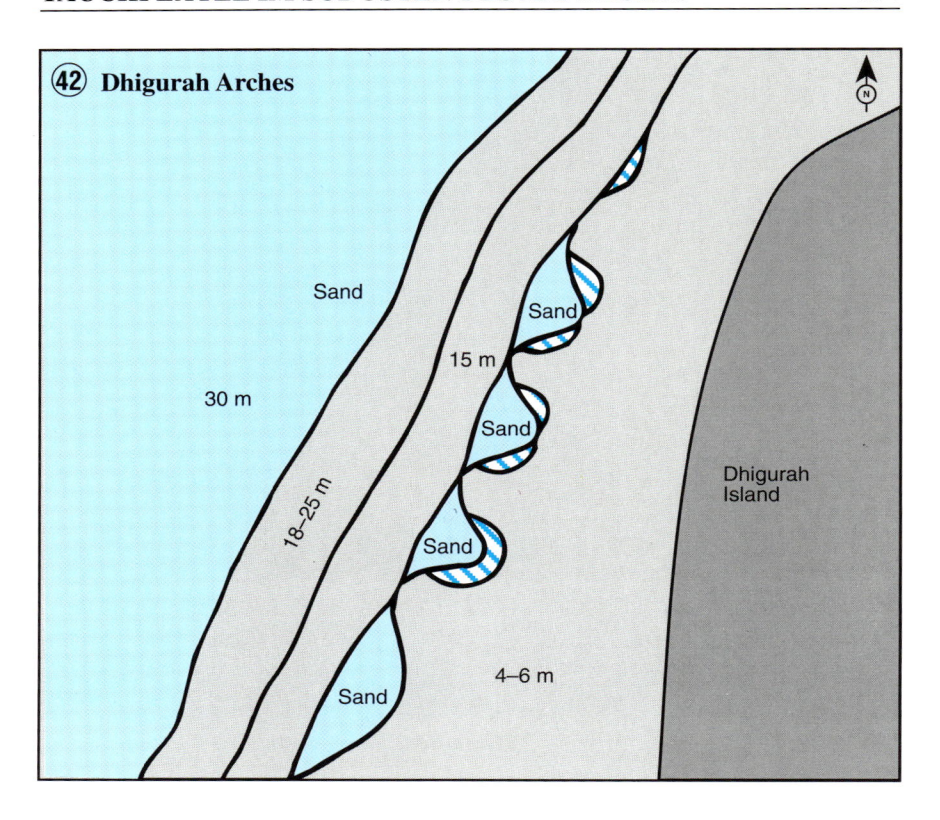

42. Dhigurah Arches

Dhigurah Arches ist das Hausriff der Einheimischeninsel Dhigurah, südwestlich von Machchafushi gelegen. Getaucht wird an der Ostseite der Insel (also nicht am Außenriff). Das Riff fällt steil mit einigen Überhängen und dazwischenliegenden Sandflächen ab. Man kann Schildkröten, Napoleon-Lippfischen, Thunfischen sowie Haien begegnen. Viele Titandrücker streifen durchs Riff, und Rotzahn-Drückerfische besiedeln es in großer Zahl. Gelegentlich kann man unter einem kleinen Überhang einen Zitterrochen entdecken, es sollen auch Mobulas und Stechrochen vorkommen. An Korallen herrschen hier Zäpfchen- und Geweihkorallen-Arten vor. Dazwischen findet man Lederkorallen und Weichkorallen. Beginnt man den Tauchgang im Nordosten, sind Weichkorallen sehr häufig, sie

Clarks Anemonenfisch (Amphiprion clarkii), hier in einer Blasenanemone (Entacmaea quadricolor), kommt in weiten Teilen des Indopazifiks vor, während der Malediven-Anemonenfisch (Amphiprion nigripes), der nur in der Prachtanemone (Heteractis magnifica) lebt, in seinem Vorkommen auf die Malediven beschränkt ist.

TAUCHPLÄTZE IM SÜDOSTEN DES ARI-ATOLLS 106

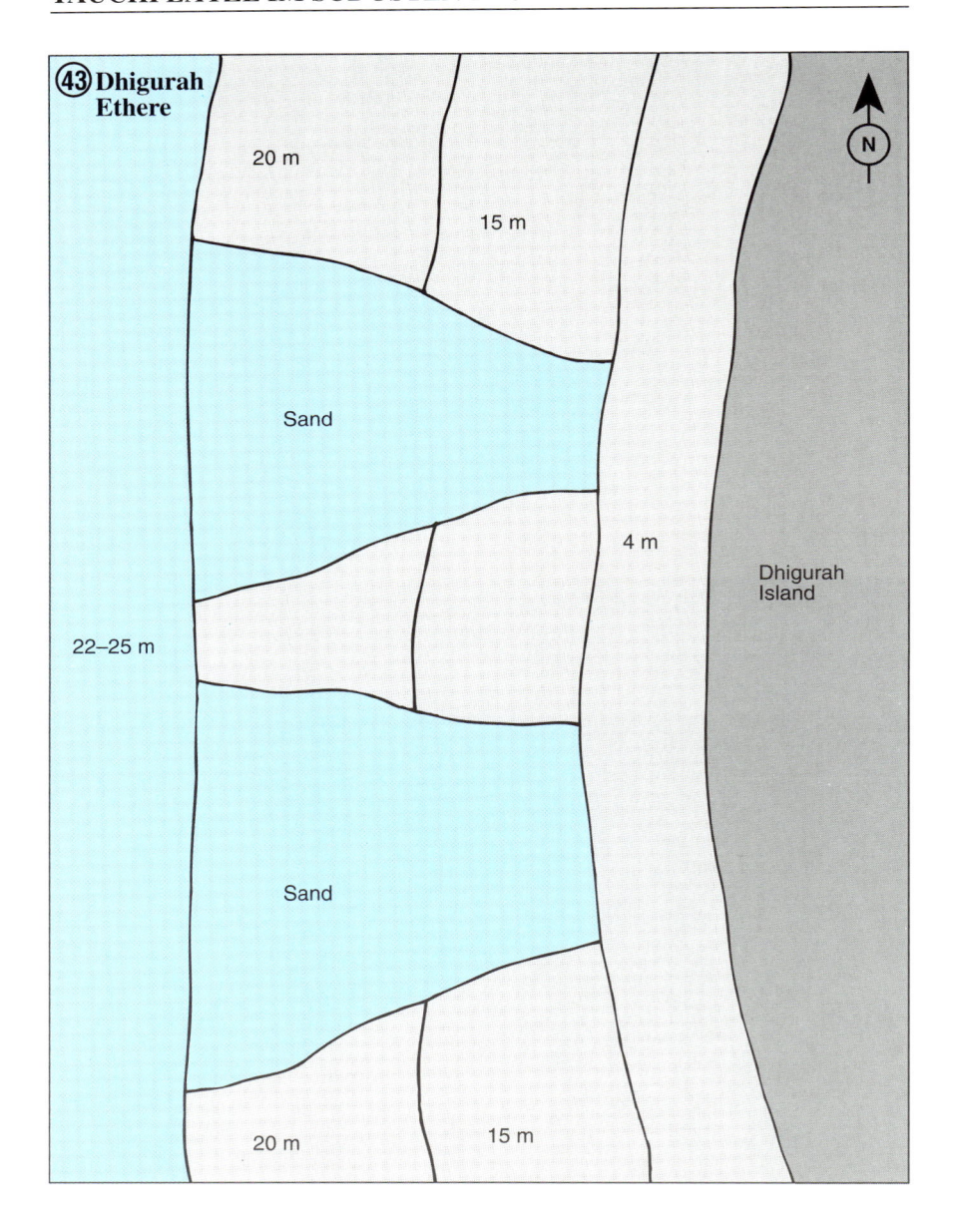

43 Dhigurah Ethere

20 m
15 m
Sand
4 m
Dhigurah Island
22–25 m
Sand
20 m
15 m
N

Die Echte Karettschildkröte (Eretmochelys imbricata) ist häufig am Tag frei im Riff umherschwimmend anzutreffen.

werden dann aber immer weniger, bis sie schließlich nur noch vereinzelt zu sehen sind. Man kann sich bequem mit der Strömung treiben lassen. Das Riffdach reicht fast bis zur Oberfläche, so daß der Tauchplatz auch für Anfänger sehr gut geeignet ist.

43. Dhigurah Ethere

Dhigurah Ethere liegt vor der Einheimischeninsel Dhigurah. Der Name bedeutet soviel wie „weiter innen gelegen". Das Riff schließt sich südlich an Dhigurah Arches an und gehört ebenfalls zum Hausriff von Dhigurah. Es handelt sich um ein langgezogenes Riff, dessen Riffdach bis auf 4–5 Meter Tiefe an die Oberfläche reicht. Der Riffabhang fällt flach ab und ist von seinem Bewuchs her nicht besonders interessant. Zwischen zum Teil beeindruckend großen Korallenblöcken befinden sich immer wieder große Sandflächen, und auch das Riff selbst läuft in etwa 25 Meter Tiefe im Sand aus. An diesem Tauchplatz kann man sehr häufig Mobulas, Mantas, Stechrochen, Napoleon-Lippfische und Schildkröten antreffen. Ansonsten triff man hier auch auf große Fischschwärme. Dieser Tauchplatz ist für Strömungstauchgänge geeignet wenn keine Rochen da sind, ist er allerdings eher uninteressant.

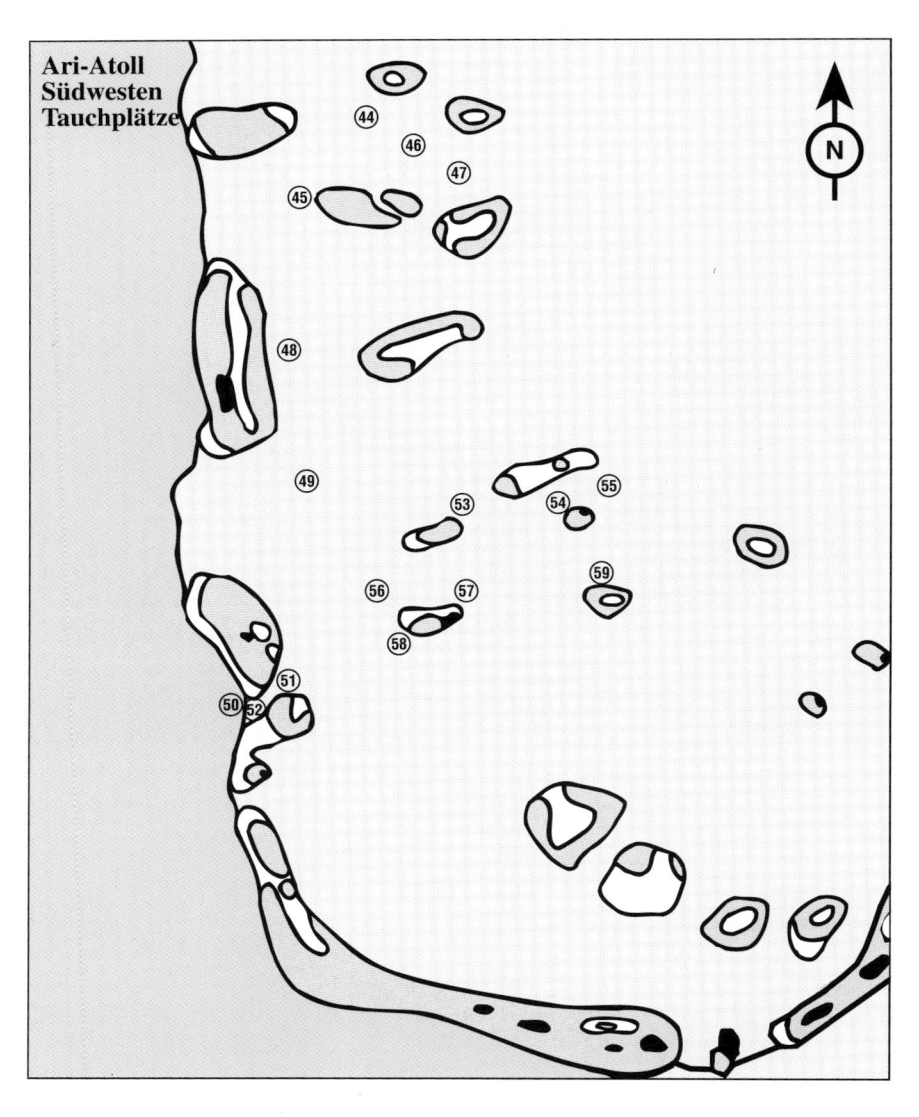

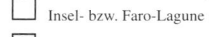

Ari-Atoll Südwesten Tauchplätze

☐ Insel- bzw. Faro-Lagune	
☐ Atoll-Lagune	
▨ offenes Wasser	
▨ Riff	
● Insel	

44. Bulalohi Caves
45. Bulalohi Corner
46. Beverly Hills
47. Hollywood
48. Bodu Tila
49. Meddu Tila
50. Rangali Outside
51. Rangali Süd
52. Madivaru
53. Kuda Kandu Corner
54. Pineapple Tila
55. Buma Tila
56. Mirihi Tila
57. Mirihi Meddu Tila
58. Mirihi drop off
59. Angaga Tila

Tauchplätze im Südwesten des Ari-Atolls

44. Bulalohi Caves
Dieses sehr schöne Tila liegt nordöstlich von Bulalohi und erstreckt sich in West-Ost-Richtung. Die interessanten Überhänge liegen auf der Südseite. Je nach Strömung taucht man auf der Südseite von Westen in Richtung Osten oder umgekehrt. Kommt man um die Ostspitze herum, so sind auf der Nordostseite auch noch ein paar kleinere Überhänge zu betauchen. In den Überhängen wachsen blaugefärbte Weichkorallen und große Gorgonien. Es können Schildkröten und Napoleon-Lippfische da sein, viele Schwarmfische streifen über das Riff. Bei starker Strömung ist das Riff nicht ganz leicht zu betauchen, da das Riffdach auf etwa 10 Meter Tiefe liegt. Daher ist dieser Platz für Anfänger nicht so geeignet.

45. Bulalohi Corner
Bulalohi Corner ist nördlich von Rangali gelegen. Je nach Strömung beginnt man den Tauchgang im Norden und taucht am Riff entlang in Richtung Südosten oder umgekehrt. Das Riff ist steil abfallend mit zahlreichen Überhängen. Am Riffabhang wachsen Peitschenkorallen und verschiedene Gorgonien-Arten, und ab und zu finden sich einige blaugefärbte Weichkorallen. Insgesamt bietet das Riff ein

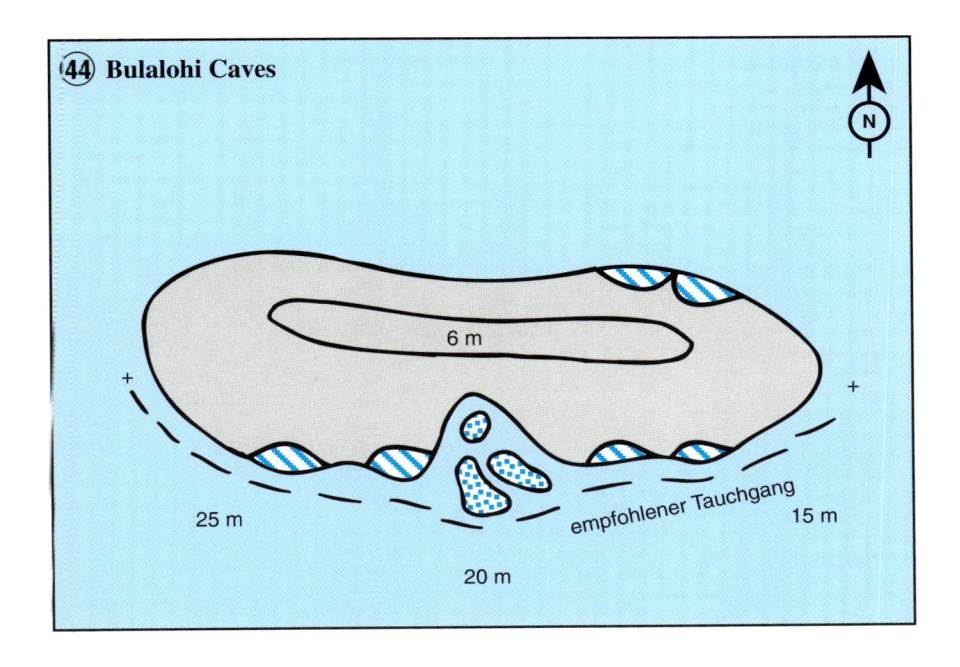

buntes Bild, das sich aber nach einiger Zeit verändert. Zunehmend überziehen Lederkorallen und Geweihkorallen das Riff, und die bunte Vielfalt wird geringer. Bei geringer Strömung würde es sich daher anbieten, umzukehren und in Gegenrichtung zurückzutauchen, da das Riff an seiner Nordseite interessanter und abwechslungsreicher ist. Schildkröten sind keine Seltenheit an diesem Riff. Es ist für Anfänger geeignet. Für die Überhänge empfiehlt es sich, eine Unterwasserlampe mitzunehmen.

46. Beverly Hills

Dieser Tauchplatz liegt in nördlicher Richtung von Rangali. Das Riffdach befindet sich in 3–5 Meter Tiefe, und das Riff selbst fällt allseits steil auf mehr als 30 Meter Tiefe ab. Die Nord- und Westseite ist durch zahlreiche Überhänge in allen Tiefen charakterisiert. Der Riffabhang ist sehr schön mit wie „Gewürzsträußchen" oder „Trockenblumengebinden" aussehenden Tierkolonien (Schwämmen, Seescheiden) und Algen bewachsen. Sie geben dem Ganzen ein buntes, abwechslungsreiches Bild. Unter den Überhängen halten sich verschiedenste Fischarten auf. Zäpfchenkorallen und Schwämme überziehen das Riff, und große Gorgonien, auf denen Haarsterne sitzen, sind schon in 10–12 Meter Tiefe zu finden. Bunte Hornkorallen findet man überall am Riff, Weichkorallen und Feuerkorallen dagegen selten. Das Riffdach ist im Gegensatz zum Abhang sehr wenig bewachsen. Insgesamt aber ein überaus sehenswerter Tauchplatz.

47. Hollywood

Dieses Tila liegt südöstlich von Bulalohi. An der Nordwestseite beginnend ziehen sich Überhänge die gesamte Nordseite, die steil auf ca. 30 Meter abfällt, entlang. Die Südseite fällt flach auf etwa 15 Meter Tiefe ab. Auf der Nordseite kann man viele Überhänge betauchen, die wunderschön mit verschiedenfarbigen Weichkorallen bewachsen sind. Wer sich für „Kleinigkeiten" interessiert, wird sich hier kaum langweilen. Verschiedene Lederkorallen, Zäpfchenkorallen, Schwämme, Seescheiden und Anemonen besiedeln das Riff. Auch große Stachelaustern kann man hier finden. Das Riffdach liegt auf ca. 6 Meter Tiefe und ist von verschiedenen Steinkorallen bewachsen. Ein sehr schönes Riff, das auch für Anfänger geeignet ist.

48. Bodu Tila

Bodu Tila (bodu = groß) liegt östlich von der Insel Mandu. Es erstreckt sich in West-Ost-Richtung und ist, wenn überhaupt, nur einmal zu umrunden. Das Riffdach befindet sich auf 5 Meter Tiefe, der mit Korallen bewachsene Riffabhang fällt auf 25–30 Meter Tiefe ab und läuft dann im Sand aus, wo noch vereinzelt Korallenblöcke liegen. Das ganze Riff ist mit Lederkorallen und zum Teil mit

Solche bunten „Sträußchen" bestehen aus zahlreichen Tier- und Pflanzenarten.

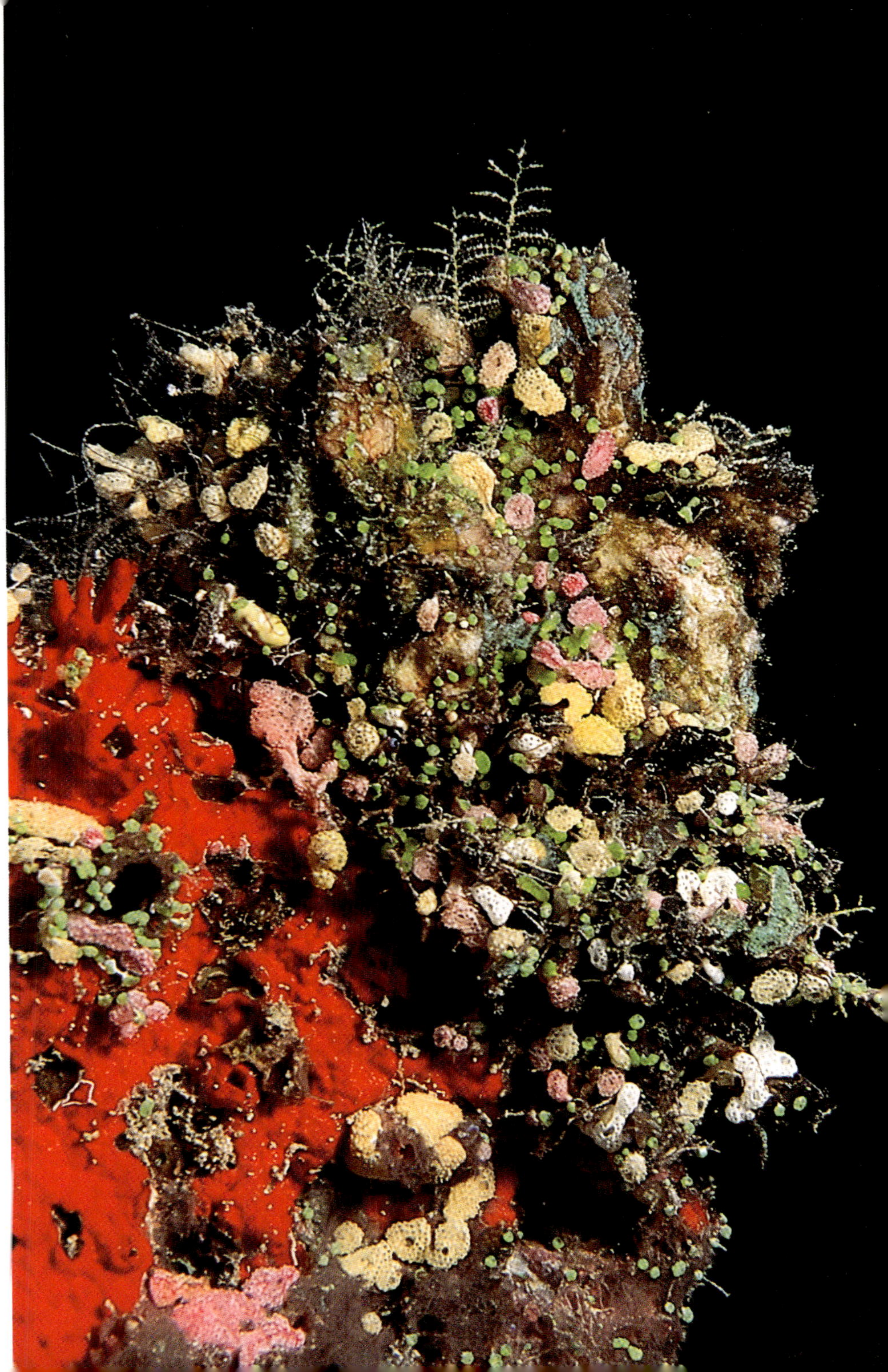

Geweihkorallen-Arten bewachsen. Auf der Nordseite sind große Gorgonien zu sehen, auf denen schwarzgefärbte Haarsterne sitzen. In einer Höhle auf der Nordseite (Nordost) halten sich Langusten auf. Schwarmfische, wie Blaustreifen-Schnapper oder Neon-Füsiliere ziehen durch das Riff. An der Ostseite des Tilas hält sich in ca. 6 Meter Tiefe ein Schwarm Großaugenbarsche auf. Es schließt sich dann eine Sandfläche an, die auf das Riffdach führt. Will man also das Riff weiter umrunden, muß man diese Sandfläche überqueren. Das Riffdach selbst ist, was den Korallenbewuchs anbelangt, abwechslungsreicher als der Riffabhang. Das Riff ist auch für Anfänger geeignet.

49. Meddu Tila

Meddu Tila ist ein mittelgroßes Riff, das zwischen Rangali und Mandhoo im Kanal liegt. Das Riff kann man 1–2 mal umrunden, und je nach Strömung ist der Platz für Anfänger mehr oder weniger geeignet. Das Riffdach liegt auf 8–10 Meter Tiefe, so daß man den Sicherheitsstop im freien Wasser machen muß. Die Nordseite des Riffes ist durch zahlreiche Überhänge gekennzeichnet, die im Bereich von 15–20 Meter Tiefe liegen. Das Riff läuft auf der Südseite in ca. 20 Meter Tiefe im Sand aus, und man findet immer wieder einzelne schön bewachsene Korallenblöcke vor. Buckelschnapper- und Füsilierschwärme sowie Masken-Wimpelfische bevölkern das Riff in großer Zahl. Aber auch Jäger wie Stachelmakrelen streifen auf der Suche nach Nahrung durch das Riff. Der Riffabhang ist durch seine zerklüftete Struktur sehr abwechslungsreich und beherbergt eine Vielzahl von Wirbellosen Tieren: Nacktschnecken, Seescheiden, Weichkorallen, Steinkorallen, Schwarze Korallen.

50. Rangali Outside

Rangali Outside liegt nur ca. 15 Minuten von Rangali entfernt. Das Riffdach beginnt in 9–12 Meter Wassertiefe und erstreckt sich relativ weit seewärts. Die Riffkante befindet sich in 14 Meter Tiefe. Der Riffabhang fällt relativ steil auf etwa 25–30 Meter Tiefe ab und läuft im Sand aus, wo auch kaum mehr Korallen zu sehen sind. Man kann das Riff bequem bei jeder Strömung betauchen. Haie, Napoleon-Lippfische, Schnapperschwärme, Füsiliere und Rotzahn-Drückerfische ziehen durchs Riff, auf dem Riffdach kann man auch besonders große „Zackis" beobachten. Ein tolles Riff mit vielen Fischen.

51. Rangali Süd

Dieses Riff liegt etwa 15 Minuten entfernt südlich von Rangali. Es fällt überwiegend steil, an einigen Stellen aber auch flacher ab. Peitschenkorallen überziehen das Riff von 20 Meter bis in größere Tiefen. Sandflächen wechseln mit sehr üppig bewachsenen Korallenblöcken ab. Viele Weichkorallen in verschiedensten Farben sind hier zu sehen. Auch Gorgonien, Geweih- und Porenkorallen-Arten prägen das

Masken-Nashorndoktorfische (Naso vlamingii) nehmen an Putzstationen diese hell gelblichblaue Färbung an.
Der Pfauen-Zackenbarsch (Cephalopholis argus) ernährt sich hauptsächlich von kleinen Fischen, die sowohl am Tag als auch nachts erbeutet werden.

TAUCHPLÄTZE IM SÜDWESTEN DES ARI-ATOLLS

Riff. Die Steilwand wird nach einiger Zeit prompt von einer großen Sandfläche unterbrochen. Wenn man diese überquert hat, verändert sich das Erscheinungsbild der Steilwand. Die Überhänge werden größer, die Abbrüche schroffer. Die Farbe Blau prägt nun das Bild dieses Riffes. Lederkorallen werden häufiger. Blaugefärbte Geweihschwämme und als echte Besonderheit blaugefärbte Gorgonien sind vor allem unter Überhängen zu finden. Ein beeindruckender Anblick, den man so schnell nicht vergißt. Das Riff ist sowohl bei schwacher wie auch bei starker Strömung gut zu betauchen und besonders sehenswert.

52. Madivaru

Dieser Tauchplatz ist unter Tauchern als Manta-Platz bekannt. Von Dezember bis April sind hier regelmäßig Mantas anzutreffen. Das Riff liegt zwischen der Touristeninsel Rangali und der unbewohnten Insel Hukurudhoo am Außenriff. Kommt man aus dem nördlichen Ari-Atoll, kann die Fahrt mehrere Stunden dauern. Getaucht wird auf der Nordseite des Riffes. Das Riffdach befindet sich in etwa 10 Meter Tiefe und ist mit einer großen Zahl an Kanälen durchzogen. Verschiedene Arten von Steinkorallen, Schwämme und einige wenige Weichkorallen wachsen auf dem Riffdach. Papageifische, Drückerfische, Doktorfische und andere mehr sind hier in großer Zahl auf Nahrungssuche anzutreffen. Der Riffabhang fällt steil

Eine Begegnung mit Mantas (Manta birostris) ist immer ein spektakuläres Erlebnis.

auf etwa 35 Meter Tiefe ab. Hier halten sich oft Napoleon-Lippfische, Schildkröten, Haie oder Thunfische auf. In ca. 20 Meter Tiefe beginnen große Überhänge, die sehr schön bewachsen sind. Doch die Attraktion sind die Mantas, die hierher kommen, um sich putzen zu lassen. Auf dem Riffdach liegen einige große Korallenblöcke, die vermutlich die Putzstation darstellen. Es ist ein beeindruckendes Schauspiel, wenn die Mantas elegant und scheinbar mühelos gegen die Strömung vorübergleiten. Sie scheinen neugierig und interessiert die Taucher zu beobachten und kommen dabei manchmal ganz nahe an diese heran. Einen Fotoapparat oder eine Videokamera mitzunehmen, empfiehlt sich daher auf jeden Fall. Durch die Lage am Außenriff muß man mit starker Strömung rechnen. Daher ist der Tauchplatz nur für erfahrene Taucher geeignet.

53. Kuda Kandu Corner

Kuda Kandu Corner liegt westlich von Angaga und nördlich von Bodu Faru. Bodu Faru erstreckt sich in West-Ost-Richtung, Kuda Kandu Corner ist ein Ausläufer dieses Farus, der sich in nordöstlicher Richtung hinzieht. Das Riffdach liegt in 2–5 Meter Tiefe. Das Riff ist hauptsächlich mit Lederkorallen bewachsen und fällt seitlich auf etwa 20–22 Meter Tiefe ab. Im Sand sieht man Röhrenaale. Die Fischvielfalt ist nicht sehr groß, und auch an Wirbellosen Tieren kann man nicht viel Interessantes entdecken. Für Anfänger aber ein durchaus geeignetes Riff zum Einsteigen.

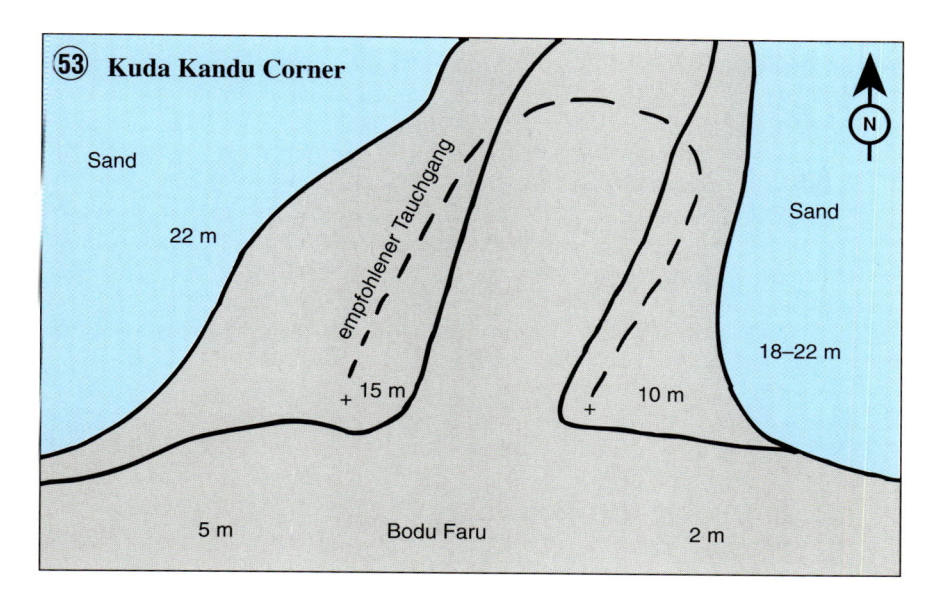

Die gut getarnten Schaukelfische (Taenianotus triacanthus) sind schwer zu finden.

54. Pineapple Tila

Dieses Tila liegt etwa 25 Minuten von Angaga entfernt in Richtung Pineapple Island. Das Riff ist nicht sehr groß und kann bequem mehrmals umrundet werden. Der Riffabhang fällt allseits relativ steil auf ca. 25 Meter Tiefe ab und läuft dort in Sand aus. Auf der Südseite des Tilas erstreckt sich eine Riffzunge noch einige Meter südwärts. Der Riffabhang weist zahlreiche Überhänge auf. Überall am Riff findet man viele Rotfeuerfische und Drachenköpfe. Auf der Nordseite sieht man in der Tiefe große Gorgonien. Der Riffabhang ist mit Leder- und Weichkorallen sowie blaugefärbten Geweihschwämmen bewachsen. Wer ein Auge für Kleinigkeiten hat, kann Nacktschnecken, Seenadeln oder Seescheiden entdecken. Auf dem Riffdach, das auf 8–10 Meter Tiefe liegt, gibt es als kleine Besonderheit Schaukelfische zu entdecken. Das Pineapple Tila hat auch eine Fischvielfalt zu bieten und ist somit für erlebnisreiche Tauchgänge geeignet.

55. Buma Tila

Das Riff liegt in nordöstlicher Richtung etwa 35 Minuten von Rangali entfernt östlich der Insel Pineapple am Pineapple Faru. Das Riffdach befindet sich in 10 Meter Tiefe, so daß der empfohlene Sicherheitsstop im freien Wasser gemacht werden muß. Für Anfänger ist dieses Riff daher nur bedingt geeignet. Das Riff selbst fällt allseits auf ca. 30 Meter Tiefe ab und ist mit Überhängen durchsetzt. In

Tiefen unterhalb von 20 Metern sind sehr große Gorgonien und Schwarze Korallen zu sehen, vor allem auf der Westseite des Tilas. Fischschwärme (Neon-Füsiliere, Doktorfische, Schnapper) besiedeln das Riff. Lederkorallen und Anemonen sind sehr häufig. Das Riff ist bei geeigneter Strömung rundherum zu betauchen. Es empfiehlt sich, eine Lampe mitzunehmen.

56. Mirihi Tila
Das Riffdach von Mirihi Tila liegt auf 5–8 Meter Tiefe und ist schön bewachsen. Der Riffabhang fällt mal mehr, mal weniger steil ab. Das Riff bietet wenig Abwechslung, wobei die Südseite schöner ist als die Nordseite. Porenkorallen, Geweihkorallen sowie Lederkorallen prägen das Bild. Vereinzelt findet man Blasen- oder Prachtanemonen mit ihren Anemonenfischen. Füsilier- und Blaustreifen-Schnapperschwärme sowie Buckelschnapper besiedeln das Riff. Auch Süßlippen und Drückerfische sind häufig anzutreffen. Das Riff ist einfach zu betauchen und auch für Anfänger geeignet.

57. Mirihi Meddu Tila
Das Tila liegt nördlich von der Touristeninsel Mirihi. Das Riffdach befindet sich auf 7–10 Meter Tiefe und ist sehr abwechslungsreich. Es fällt allseitig auf 25–30 Meter ab und läuft in dieser Tiefe im Sand aus. Im 15-m-Bereich gibt es zahlreiche Überhänge, so daß es sich lohnt, eine Lampe mitzunehmen. Stein- und Lederkorallen dominieren, auf der Nordseite findet man sehr viele Prachtanemonen. In größerer Tiefe kann man ausladende Gorgonien sehen, auf denen Haarsterne sitzen. Weiter findet man auf der Nordseite einen Buckelschnapper- und einen Goldstreifenstraßenkehrer-Schwarm. Ab und zu kommen auch Barrakudas in Riffnähe. Bei starker Strömung ist das Riff nur bedingt gut zu betauchen, da man öfter gegen die Strömung antauchen muß, um wieder in den Strömungsschatten zu gelangen.

58. Mirihi drop off
Dieses Riff ist nicht weit von der Touristeninsel Mirihi entfernt. Es handelt sich um ein langgezogenes, senkrecht abfallendes Riff, das auch bei starker Strömung leicht zu betauchen ist. Auffällig ist hier das Fehlen von Weichkorallen. Dafür überziehen Finger-Lederkorallen, Geweihkorallen-Arten und Schwämme das Riff. Auch verschiedenste Arten von Seescheiden sind anzutreffen. Unter Überhängen kann man Stechrochen und Rotfeuerfische und manchmal auch Ammenhaie finden. Für Taucher, die sich für „Kleinkram" (Wirbellose Tiere) interessieren, ist dies ein sehr gut geeigneter Tauchplatz, und auch Unterwasserfotografen kommen auf ihre Kosten. Ein abwechslungsreiches Riff, das einiges zu bieten hat.

TAUCHPLÄTZE IM SÜDWESTEN DES ARI-ATOLLS 118

�59 Angaga Tila

- 30 m
- 14 m
- Sand
- 21 m Höhle
- 12 m
- 8–10 m
- 6 m
- 28 m
- 16 m
- 14 m
- Sand
- 20 m

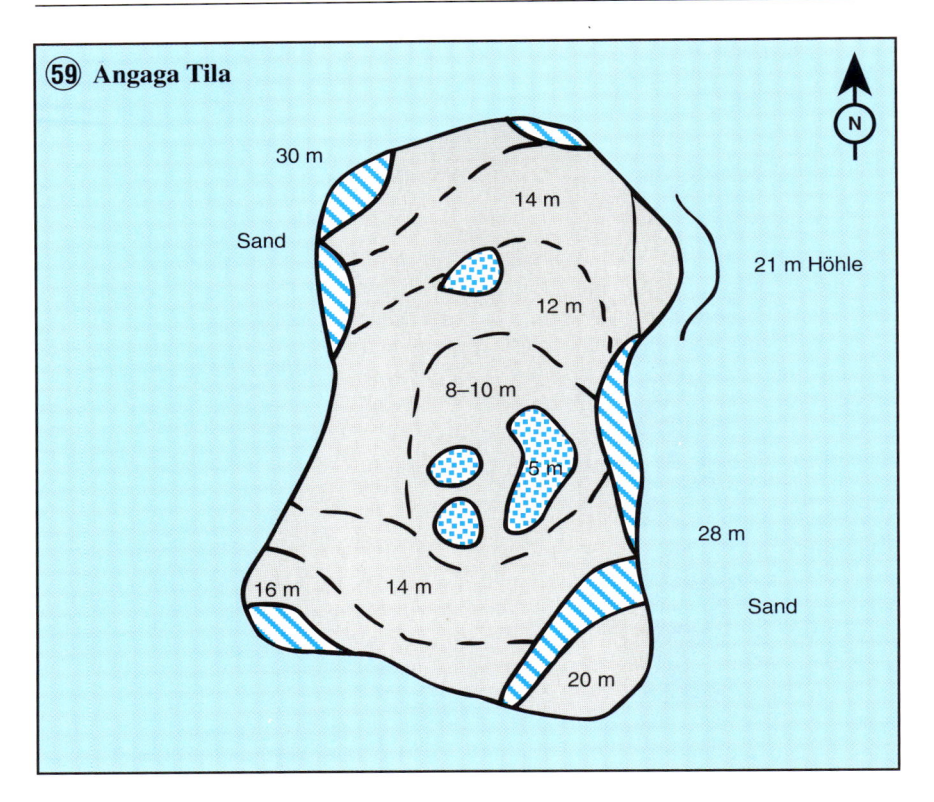

59. Angaga Tila

Dieses Tila ist der Insel Angaga vorgelagert. Hier kann man Haie (Graue Riffhaie und Weißspitzen-Riffhaie) beobachten. Auch Stechrochen und Schildkröten trifft man hier an. Das Riffdach liegt auf ca. 8 Meter Tiefe und ist daher für Anfänger nur bedingt zum Tauchen geeignet. Der Riffabhang fällt allseits auf ca. 30 Meter Tiefe ab und ist durch zahlreiche Überhänge gekennzeichnet. Schwarze Korallen wechseln mit Gorgonien, Geweihkorallen und Lederkorallen. In den Überhängen finden sich überall Gelbe Zäpfchenkorallen, die in der Dunkelheit ihre gelben Polypententakel hervorstrecken, um Plankton zu filtrieren. Neben größeren Fischen ist auch viel „Kleinkram" zu sehen. Das Riffdach ist vor allem von kleinen Scheiben-Krustenanemonen überwachsen. Das Tila ist bei geeigneter Strömung mehrmals zu umrunden. Bei guter Sicht ein sehr schöner Tauchplatz.

Anemonenfische, hier ein Pärchen Malediven-Anemonenfische (Amphiprion nigripes) in einer Prachtanemone (Heteractis magnifica), verteidigen „ihre" Anemone auch gegen Taucher.

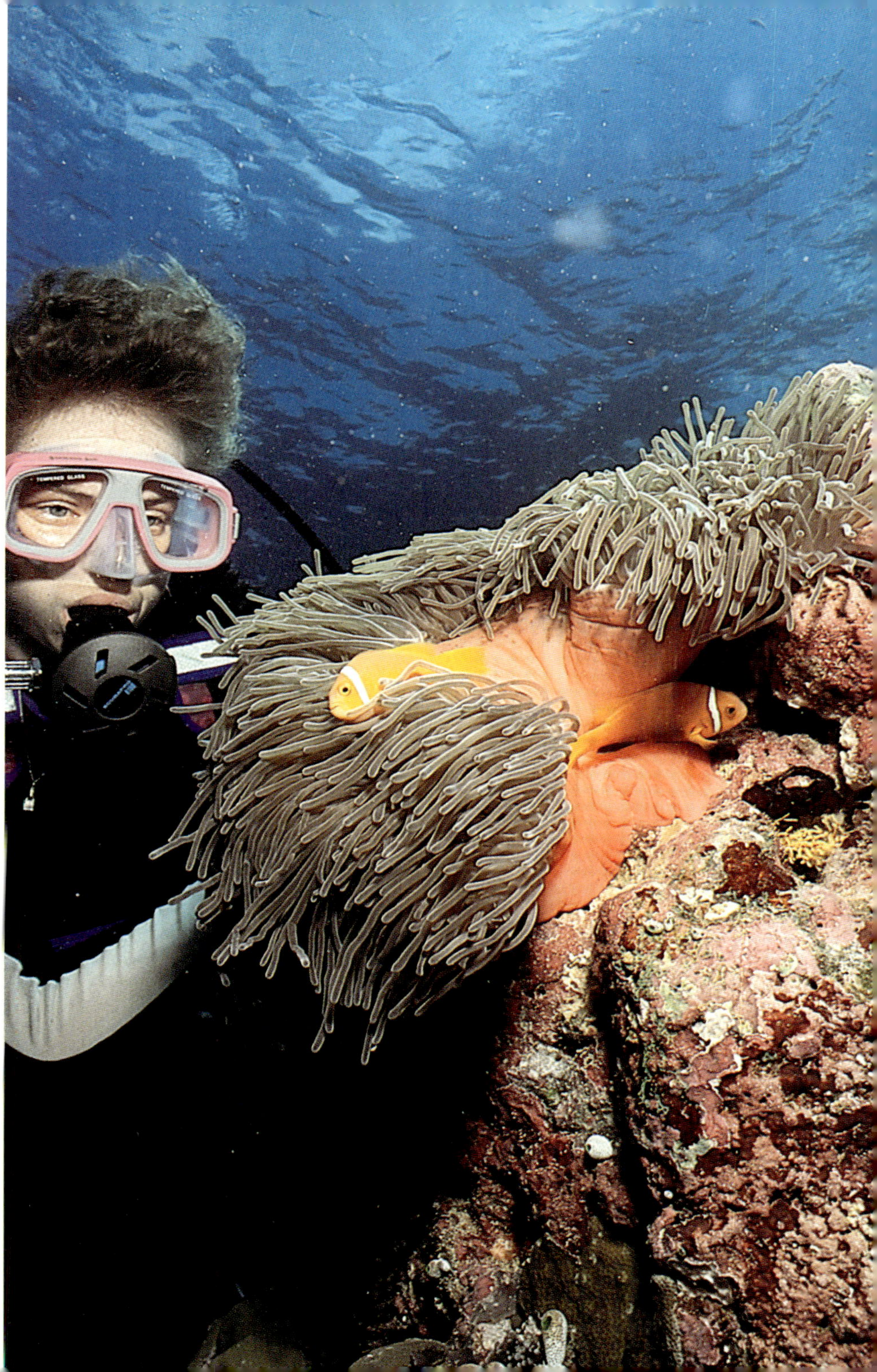

Scheinbar ohne Anstrengung schwimmt ein Gepunkteter Adlerrochen (Aetobatus narinari) gegen die Strömung. Große Korallenstöcke wie dieser sind eigene Klein-Lebensräume: Sie sind oftmals reich bewachsen und bieten zahllosen anderen Tieren Nahrung und Unterschlupf.

Tauchplatz im Rasdhoo-Atoll

60. Rasdhoo Madivaru
Dieser Tauchplatz befindet sich südlich der Insel Madivaru im Rasdhoo-Atoll, ein kleines Atoll nördlich des Ari-Atolls. Bekannt ist dieser Platz wegen der Hammerhaie, die bei ihren Wanderungen regelmäßig durch den Kanal zwischen Ari-Atoll und Rasdhoo-Atoll ziehen. Durch die Lage am Außenriff und die Tiefe (freier Abstieg auf etwa 20 m) ist dieser Tauchplatz nur für erfahrene Taucher geeignet. Man beginnt den Tauchgang am Außenriff von Madivaru. In einer Tiefe von etwa 23 Meter trifft man auf eine große Sandfläche, wo sich manchmal Haie oder Rochen aufhalten. Nach einem stellenweisen Anstieg auf etwa 15 m fällt das Riff terrassenartig bis in etwa 25 Meter Tiefe ab. Von da ab folgt ein Steilabfall (drop off) ins tiefblaue Wasser. Höhlen und Überhänge, die sehr schön mit Weichkorallen, Schwarzen Korallen und Schwämmen bewachsen sind, beginnen ab etwa 25 Meter Tiefe. Der beste Zeitpunkt, an diesem Tauchplatz Hammerhaie anzutreffen, ist früh morgens, kurz nach Sonnenaufgang. Während des Tauchganges kann man große Schwärme von Stachelmakrelen, Thunfischen oder Barrakudas beobachten, aber auch Fledermausfische kann man in großer Zahl hier antreffen. Rasdhoo Madivaru ist ein außergewöhnlicher Tauchplatz, von dem eine besondere Faszination ausgeht.

Glasfische (Parapriacanthus sp.) sind meist in riesigen Schwärmen anzutreffen.

Malediven von A – Z

Anreise
Von Europa aus gibt es Charterverbindungen direkt auf die Malediven. Die Flugzeit von Europa auf die Malediven beträgt etwa 10 Stunden. Eine andere Möglichkeit der Anreise besteht über Colombo (Sri Lanka). Zwischen Colombo und Hulule bestehen regelmäßige Flugverbindungen. Bei der Ausreise nach Sri Lanka wird eine allgemeine Gebühr von ca. 10 US$ verlangt (Stand 1996). Der einzige internationale Flughafen der Malediven ist auf der Insel Hulule, die nur wenige Kilometer von der Hauptstadt Male entfernt liegt. Der Transfer vom Flughafen zu den Touristeninseln erfolgt mit Dhonis, Speedbooten, Air Taxis (Wasserflugzeugen) oder mit dem Helikopter.

Ärztliche Versorgung
Neben einem lokalen Krankenhaus gibt es in Male noch eine Schweizer Klinik sowie Zahnärzte und Apotheken, auf den Inseln existieren dagegen nur zum Teil Einrichtungen zur Notversorgung. Auf Bandos (Nord-Male-Atoll) gibt es eine kleine Klinik, die zwei Patienten zur Behandlung aller allgemeinmedizinischen Probleme stationär aufnehmen kann. Das Bandos Medical Center ist ganzjährig mit 2 deutschen Ärzten besetzt. Ein Allgemeinarzt deckt die medizinische Grundversorgung der Touristen und Einheimischen ab, ein Taucherarzt ist für die Tauchunfallbehandlung zuständig. Die Ärzte stehen auf Anforderung bei allen Unfällen zur Verfügung und können zu den Patienten gebracht werden. Die Organisation des Medical Centers erfolgt von Deutschland aus (HBO Ulm, Institut für Hyperbar- und Tauchmedizin, Tel.: +49-731-53333, Fax: +49-731-552400). Bandos Tel.: +960-440088, Fax: +960-440060

Druckkammer
Die einzige Druckkammer auf den Malediven ist auf Bandos untergebracht. Die Kammer bietet Platz für 4 Personen in der Hauptkammer und für zwei Personen in der Vorkammer (s. a. „Ärztliche Versorgung").

Essen und Trinken
Die Küche für Touristen ist international. Bis auf wenige Ausnahmen (Fisch, Kokosnuß) müssen alle Lebensmittel und Getränke importiert werden. So kann es z. B. bei längeren Schlechtwetterperioden zu Versorgungsengpässen kommen, was dazu führen kann, daß der Speiseplan nicht mehr so abwechslungsreich ist.

Zu hohe Ansprüche an die Küche sollte man aber nicht stellen. Fisch wird jeden Tag in verschiedenen Variationen angeboten. Eine der Landesspezialitäten, Fischcurry (Fischstückchen in einer scharf gewürzten Soße, dazu Reis mit Kokosraspeln und Gemüse), sollte man sich nicht entgehen lassen. Die Qualität des Essens hängt vom Standard der Insel und vom jeweiligen Koch ab und ist von Insel zu Insel sehr verschieden. Alkoholische Getränke sind auf allen Touristeninseln erhältlich. Leitungswasser sollte man nicht trinken!

Einreisebestimmungen

Für die Einreise benötigen deutsche Staatsbürger einen noch 6 Monate gültigen Reisepaß. Bei einer Aufenthaltsdauer von bis zu 30 Tagen wird automatisch ein Visum ausgestellt. Bei mehr als 30 Tagen Aufenthalt muß das Visum verlängert werden, was entweder schon vom Heimatort aus organisiert werden sollte oder aber sofort nach der Ankunft auf den Malediven. Es ist streng verboten, Alkohol, Schweinefleisch, pornografische Schriften, Rauschgift oder Harpunen einzuführen. Bespielte Videokassetten werden am Flughafen einbehalten.

Fotografieren

Die Malediven sind sowohl über wie unter Wasser ein Paradies für jeden Fotografen. Sie sollten ausreichend Filmmaterial, Batterien oder Akkus mitbringen, denn vor Ort sind diese Dinge zwar erhältlich, jedoch weitaus teurer. Es ist angebracht, Personen zu fragen, ob man sie fotografieren darf. Auf manchen Inseln, die von Maledivern bewohnt sind, ist inzwischen die Unsitte verbreitet, Geld zu verlangen. Auf einigen Touristeninseln kann man in der Tauchbasis auch Unterwasserkameras gegen Gebühr leihen. Gebrauch und Funktionsweise werden vor Ort erklärt.

Geld

Es ist nicht nötig, Geld in die Landeswährung umzutauschen, da auf den Touristeninseln sämtliche Nebenkosten (Getränke oder Souvenirs) mit US-Dollar bezahlt werden müssen. Wertsachen, Bargeld oder Schecks können auf den Touristeninseln in einem Schließfach deponiert werden, zu dem man meist jederzeit Zugang hat (am besten vor Ort nachfragen). Die Mitnahme von US$-Reiseschecks oder US$-Noten ist empfehlenswert. Die gängigen Kreditkarten (Amerikan Express, Visa, Eurocard) werden akzeptiert. Allerdings wird bei Zahlung mit Kreditkarte eine Gebühr erhoben, die teilweise beträchtlich sein kann. Üblicherweise unterschreibt man anfallende Rechnungen und bezahlt am Ende des Urlaubes in US$. Ausflugs- und Sportrechnungen laufen normalerweise über die Hotelrechnung. Ein wichtiger Hinweis: Euroschecks werden nicht akzeptiert. Die Ein- und Ausfuhr der maledivischen Landeswährung ist nicht gestattet. Die Währung der Malediven ist die Rufiyaa (Rf).

Impfungen

Für Besucher, die direkt aus Europa anreisen, sind keine Impfungen vorgeschrieben. Nur für Anreisende aus einem Drittland, das als Infektionsgebiet gilt, wird eine Cholera-Impfung verlangt. Eine Tetanusimpfung ist ratsam, denn schon über kleinste Verletzungen kann der Wundstarrkrampf-Erreger in den Körper gelangen und zu einer Infektion führen. Die Malediven gelten nicht als Malariagebiet. Eine Prophylaxe ist deshalb nicht erforderlich bereist man aber auch noch andere Länder (wie z. B. Sri Lanka), so ist sie zu empfehlen.

Kleidung

Was die Kleidung betrifft, so ist leichte, luftige Kleidung angemessen, außerdem Bade- und Sportsachen und für kühle Abende vielleicht einen Pullover. Es ist auch ratsam, eine Regenjacke mitzunehmen, da es immer wieder kurze Regenschauer geben kann. Übrigens ist es auch praktisch, auf dem Hinflug bereits im Handgepäck leichte Sachen (kurze Hose, dünnes Hemd) mitzuführen und sich vor der Landung umzuziehen. Sie verkraften den Temperaturumschwung und das feuchte Klima besser. Wer vor hat, Einheimischeninseln zu besuchen oder einen Einkaufsbummel in Male zu unternehmen, sollte bedenken, daß die Malediven ein islamischer Staat sind. Frauen sollten keine Shorts oder offenherzige Blusen bzw. T-Shirts tragen. Ein langes leichtes Kleid oder Bluse, Hemd und lange Hosen wäre empfehlenswert, damit Schulter und Knie bedeckt sind. Auf den Inseln können Sie im allgemeinen auf Schuhe verzichten. Ach ja, im Tauchanzug oder nur mit Badehose, Badeanzug oder Bikini bekleidet ins Restaurant oder in die Bar zu gehen, sorgt für Aufregung und wird nicht gerne gesehen. Nacktbaden oder „oben ohne" ist streng verboten und wird mit hohen Geldstrafen belegt.

Sonnenschutz

Vor allem während der ersten Tage ist es wichtig, Sonnenschutzmittel mit ausreichend hohem Lichtschutzfaktor (15–20) zu benutzen und sich auch mehr im Schatten als in der Sonne aufzuhalten. Nach einigen Tagen hat sich die Haut an die Sonne gewöhnt, doch sollten Sie nicht ganz auf Sonnenschutzmittel verzichten. Beim Wassersport ist es ratsam, die Schultern und den Rücken zu schützen, indem man ein T-Shirt oder Hemd trägt.

Souvenirs

Die meisten Einkaufsmöglichkeiten gibt es in Male, der Hauptstadt. Hier reihen sich auch Dutzende von Souvenirshops aneinander. Auch auf den Touristeninseln gibt es sog. Inselshops, die Schmuck, Kleidung und Andenken verkaufen. Wer die Gelegenheit nutzt, einen Ausflug auf nahegelegene Einheimischeninseln zu machen, wird auch dort Waren kaufen können. Am meisten werden Korallen- und Schildpattarbeiten, Muscheln, Tücher oder mit maledivischen Motiven bedruckte

T-Shirts angeboten. Beim Kauf sollte man die Zollbestimmungen beachten (siehe „Zoll"), denn es werden viele Artikel angeboten, die nicht ausgeführt werden dürfen, wie Schwarze Korallen und Schildpatt. Auf manchen Inseln kann man handgefertigte Dhoni-Modelle kaufen.

Strom
Die Spannung auf den Inseln beträgt 220 Volt.

Transfer
Der Transfer zu den verschiedenen Touristeninseln erfolgt entweder mit dem Dhoni, Speedboot, Helikopter oder Wasserflugzeug. Auch eine Kombination von Bootsfahrt und Flug ist zu manchen Inseln erforderlich. Erkundigen Sie sich beim Reisebüro, welches die für Ihre Insel angebotene Möglichkeit ist. Normalerweise erfolgt der Transfer unmittelbar nach Ankunft am Flughafen. Trotzdem noch eine Bitte: Haben Sie trotz eines langen Fluges (und vielleicht wenig Schlaf) Geduld, wenn Sie noch etwas warten müssen, bis Sie auf Ihre Insel gebracht werden. Auf den Malediven hat man Zeit und das ist nicht „böse" gemeint. Manchmal kommen an einem Tag auch zwei Flugzeuge von verschiedenen Fluggesellschaften an, und es bietet sich an, einen gemeinsamen Transfer zu organisieren. Sollten Sie also mit Wartezeiten konfrontiert sein, entspannen Sie sich, suchen Sie einen schattigen Platz auf, trinken Sie etwas (z. B. kühles Wasser) und freuen Sie sich, daß Ihr Urlaub bereits begonnen hat.

Trinkgelder
Die Malediver haben ein geringes Einkommen im Vergleich zu europäischen Verhältnissen. Deshalb sollte das Trinkgeld passend gewählt werden. Es ist praktisch, Ein-Dollar-Noten mit sich zu führen, um Dienstleistungen zu entlohnen. Ein Träger sollte etwa 1 Dollar pro Gepäckstück bekommen, der Roomboy pro Woche 5–10 Dollar, sofern er jeden Tag das Zimmer zur Zufriedenheit sauber macht. In den Tauchschulen befindet sich meistens eine Kasse für die Kompressorbedienung und die Dhoni-Crews, in die Sie Ihr Trinkgeld geben können.

Trinkwasser
Auf den Malediven gibt es auf vielen Inseln Entsalzungsanlagen. Dadurch ist Süßwasser (meist warm und kalt) vorhanden. Trinkwasser wird gewonnen, indem Regenwasser gesammelt und abgekocht wird. Auf den Zimmern finden Sie meist eine Kanne mit Wasser, das man trinken oder zum Zähneputzen verwenden kann. Trinken Sie kein Leitungswasser!

MALEDIVEN VON A–Z

Wichtige Adressen

Diplomatische Vertretungen

- Botschaft der Bundesrepublik Deutschland; 40, Alfred House Avenue, Colombo, Sri Lanka; Tel.: 580431-34
- Schweizer Botschaft; 63 Gregory's Road, Colombo 7, Sri Lanka; Tel.: 01-695117
- Österreichisches Konsulat; 424 Union Place, Colombo 2, Sri Lanka; Tel.: 01-91613

Diplomatische Vertretungen der Malediven im deutschsprachigen Raum

Deutschland: Immanuel-Kant-Str. 16, 61350 Bad Homburg v. d. H.
  Tel.: 069-6906789
Schweiz: Gerechtigkeitsgasse 23, CH-8002 Schweiz
  Tel.: 01-2028448
Österreich: Peter-Jordan-Str. 21, A-1190 Wien
  Tel.: 01-345273

Zeitzone

Auf den Malediven ist es gegenüber der MEZ 4 Stunden später als in Deutschland. Während der Sommerzeit (MESZ) besteht eine Zeitverschiebung von 3 Stunden. Auf manchen Inseln gibt es zusätzlich noch eine „Inselzeit", die meist eine Stunde Differenz zur lokalen „Male-Zeit" aufweist.

Zoll

Eingeführt werden dürfen 200 Zigaretten (Zigaretten sind auf den Malediven wesentlich billiger als in Deutschland) oder 50 Zigarren oder 250 g Tabak. Nicht ausgeführt werden dürfen Schwarze Korallen und Schildpatt (Schildkrötenpanzer). Im neu umgebauten Flughafengebäude befindet sich der Duty-free-Shop im ersten Stock. Es gelten die üblichen Ausfuhrbestimmungen für Alkohol und Zigaretten.

Literatur

Baumeister, W.: Farbatlas Meeresfauna, Rotes Meer, Malediven, Niedere Tiere. Verlag Eugen Ulmer, Stuttgart, 1993
Bärtels, A.: Farbatlas Tropenpflanzen, Zier- und Nutzpflanzen, 3. überarbeitete und erweiterte Auflage, Verlag Eugen Ulmer, Stuttgart, 1993
Biermann, F.: Internationale Meeresumweltpolitik, Europäische Hochschulschriften, Peter Lang Verlag, Bd./Vol. 248, Frankfurt am Main, 1994
de Couet, H.G., Moosleitner, H., Naglschmid, F.: Gefährliche Meerestiere. – Jahr-Verlag, Hamburg, 1981
Debelius, H.: Fischführer Indischer Ozean, IKAN-UW Archiv, Frankfurt, 1993
Eichler, D.: Tropische Meerestiere. BLV 2. überarb. Auflage, München, Wien, Zürich, 1993
Eichler, D. & Lieske, E.: Korallenfische Indischer Ozean, Jahr-Verlag, Hamburg, 1994
Göthel, H.: Farbatlas Meeresfauna, Rotes Meer, Malediven, Fische. Verlag Eugen Ulmer, Stuttgart, 1994
Göthel, H.: Unterwasserführer Malediven, Niedere Tiere: Delius Klasing; Ed. Naglschmid, Stuttgart, 1995.
Habermehl, G.: Gift-Tiere und ihre Waffen. 5., aktualisierte und erweiterte Auflage. – Springer Verlag, Berlin, 1994
Halstead, B.W.: Dangerous Marine Animals. second edition. – Cornell Maritime Press, Centreville, Maryland, 1980
Mebs, D.: Gifte im Riff. Wiss. Verl.-Ges., Stuttgart, 1989
Mojetta, A.: Korallenriffe, Tauchführer, Jahr-Verlag, Hamburg, 1995
Nahke, P., Wirtz, P.: Unterwasserführer Malediven, Fische. 3. Auflage. Delius Klasing; Ed. Naglschmid, Stuttgart, 1996
Schuhmacher, H.: Korallenriffe, BLV, 4. Auflage, München, Wien, Zürich, 1991
Walker, Monique: Malediven, Tauchen – Sehen – Erleben, Verlag Stephanie Naglschmid, Stuttgart 1994

Informationen zum Arten- und Naturschutz: Bundesumweltministerium (BMU), Referat Öffentlichkeitsarbeit, Stichwort Artenschutz, 53106 Bonn

Ein- und Ausfuhrgenehmigungen für geschützte Arten, Bundesamt für Naturschutz, Konstantinstr. 110, 53179 Bonn

Delius Klasing
EDITION NAGLSCHMID

Tauchreiseführer

HERBERT FREI
Tauchreiseführer Salzkammergut
Band 2, ISBN 3-89594-012-7

DIETMAR PASCHKE
**Tauchreiseführer Spanien –
Costa Brava**
Band 4, ISBN 3-925342-54-0

ARND RÖDIGER
**Tauchreiseführer Malta
mit Gozo und Comino**
Band 5, ISBN 3-927913-75-8

FRANZ BRÜMMER/WERNER BAUMEISTER
**Tauchreiseführer Frankreich –
Korsika**
Band 6, ISBN 3-927913-23-5

MARGOT UND FRANZ EBERSOLDT
**Tauchreiseführer Frankreich –
Die Inseln von Hyères**
Band 8, ISBN 3-927913-24-3

HEINZ KÄSINGER
**Tauchreiseführer Italien –
Sardinien**
Band 10, ISBN 3-925342-58-3

HERBERT FREI
**Tauchreiseführer Österreich –
Kärnten**
Band 11, ISBN 3-925342-94-X

PETER SCHMID/CLAUDIA KREUTZER-SCHMID
Tauchreiseführer Sinai
Band 12, ISBN 3-925342-99-0

MICHAEL JUNG
Tauchreiseführer Bonaire
Band 13, ISBN 3-89594-004-6

FALK WIELAND
**Tauchreiseführer Ostdeutschland –
Der Norden**
Band 14, ISBN 3-927913-42-1

FALK WIELAND
**Tauchreiseführer Ostdeutschland –
Der Süden**
Band 15, ISBN 3-927913-43-X

FRED DEMBNY
Tauchreiseführer Puerto Rico
Band 16, ISBN 3-89594-003-8

MATTHIAS BERGBAUER/MANUELA KIRSCHNER
Tauchreiseführer Korfu
Band 17, ISBN 3-89594-007-0

HERBERT FREI
Tauchreiseführer Steiermark
Band 18, ISBN 3-89594-006-2

M. BERGBAUER/M. KIRSCHNER/H. GÖBEL
**Tauchreiseführer Rotes Meer –
Ägyptische Festlandsküste**
Band 19, ISBN 3-89594-009-7

WERNER BAUMEISTER
Tauchreiseführer Florida
Band 20, ISBN 3-89594-010-0

DIETMAR REIMER/DIETER BRITZ
Tauchreiseführer Curaçao
Band 21, ISBN 3-89594-011-9

FRANZ BRÜMMER/ISABEL KOCH
Tauchreiseführer Giglio
Band 22, ISBN 3-89594-035-6

Erhältlich im Buch- und Fachhandel

Asang-Soergel / Göthel
TAUCHREISEFÜHRER MALEDIVEN ARI-ATOLL

Für Paul & Victoria,

die faszinierende Unterwasserwelt der Malediven begeistert so viele Menschen.
Ich danke Euch für Euer Interesse an meiner Arbeit und wünsche Euch viel Freude beim Lesen dieses Buches.

Eure Rose

Neu Ulm im April 1997